卓越工程师教育培养计划实施教材

汽车冲压模具设计与制造

楚伟峰 著

合肥工業大學出版社

内容简介

本书主要阐述了汽车冲压模具的工艺设计、结构设计、加工工艺与表面处理、钳工工艺等设计技术和加工方法，其内容基本涵盖汽车模具开发全过程。另外，本书还介绍了汽车用钢、汽车冲压件常见缺陷分析等相关知识，目的是帮助读者更深入地理解和掌握汽车模具设计与制造技术。

本书作者在编写过程中参照汽车模具行业标准，吸收了我国汽车制造企业模具开发较为先进技术，并对自己多年来从事模具设计与制造的经验进行了系统的总结。本书可为汽车行业的零部件设计工程师、冲压工艺工程师、模具设计工程师、金属材料工程师等技术人员在冲压件结构设计或模具开发中提供参考经验，同时也可供高等院校车辆工程专业和模具专业的学生作为教材使用。

图书在版编目(CIP)数据

汽车冲压模具设计与制造/楚伟峰著．—合肥:合肥工业大学出版社,2018.8
ISBN 978-7-5650-4090-0

Ⅰ.①汽… Ⅱ.①楚… Ⅲ.①汽车—冲模—设计②汽车—冲模—制造 Ⅳ.①U463

中国版本图书馆 CIP 数据核字(2018)第 190409 号

汽车冲压模具设计与制造

楚伟峰 著　　　　责任编辑 汤礼广

出 版	合肥工业大学出版社	版 次	2018 年 8 月第 1 版
地 址	合肥市屯溪路 193 号	印 次	2018 年 8 月第 1 次印刷
邮 编	230009	开 本	710 毫米×1000 毫米 1/16
电 话	理工编辑部:0551-62903087	印 张	11.25
	市场营销部:0551-62903198	字 数	172 千字
网 址	www.hfutpress.com.cn	印 刷	安徽昶颉包装印务有限责任公司
E-mail	hfutpress@163.com	发 行	全国新华书店

ISBN 978-7-5650-4090-0　　　　定价：30.00 元

前 言

广义上的汽车模具是指制造汽车上所有零件的模具总称,例如,冲压模具、注塑模具、锻造模具、铸造蜡模、玻璃模具等。汽车车身冲压模具是汽车模具最主要的组成部分,这类模具主要是冷冲压模具。

本书重点介绍汽车车身冲压模具的设计与制造工艺。根据制造工艺的不同,车身冲压模具分为铸造模和钢板模。两者在结构上差异较大。铸造模结构更为复杂,开发周期长、难度大。在没有特别说明的情况下,本书中的汽车冲压模具特指车身冷冲压模具中的铸造模具。

本书第1章对我国模具工业概况、汽车冲压模具开发特点及发展趋势进行了概述。第2章介绍模面设计、拉延工艺、修边工艺、翻整工艺等内容。第3章是关于模具通用结构设计的介绍。第4章分为模具加工工艺和表面处理两个部分,对模具加工流程进行了阐述。第5章对一些基本钳工工艺的方法步骤进行了说明。第6章、第7章为汽车模具设计与制造引申出来的内容,与模具设计与制造过程关联。第8章是对汽车冲压新技术的简单介绍,这些新技术也是未来汽车冲压模具重点发展方向。

本书仅对汽车模具设计与制造的基础进行了介绍,其内容来源于实践。为了便于读者理解,书中给出了较多的图例说明(例如修边线设计)或推荐值(例如冲孔角度)。需要说明的是,本书中一些图例或推荐值通常为典型设计,实际模具设计制造过程中会遇到更为复杂的情况,但读者可以借鉴这些经验。

在撰写本书过程中,笔者得到了安徽江淮汽车集团股份有限公司冲压工艺部全体同仁的大力支持,在此对他们表示衷心的感谢。

由于笔者水平有限,加之时间仓促,书中难免存在某些缺点和错误,敬请读者批评指正。

2018年7月

目　录

第1章 绪 论

模具是指使金属或非金属成形的工具，是工业化生产中必不可少的基础工艺装备之一。

模具生产制作具有高效率、低成本、高精度、高一致性等特点，在汽车、电子、电器、仪器仪表、家电、航空航天、建材、电机和通讯器材等产品中，约60%～80%的零部件都要依靠模具加工成形。模具制造水平的高低，不仅是衡量一个国家制造水平高低的重要标志，而且在很大程度上决定其产品质量、生产效益和开发新产品的能力。模具工业的不断发展给制造业带来了强有力的支撑。模具工业的产业带动比例大约是1∶100，即模具产业发展1亿元，可带动相关产业发展100亿元。目前发达国家非常重视模具制造业的发展，不仅因为模具行业在各国机械工业中所占比例较高，更在于模具工业为新技术和新产品的开发和应用提供重要的加工工具和技术支撑。

1.1 我国模具工业概述

1.1.1 我国模具工业发展现状

模具制造在我国经济发展、国防现代化和高端技术服务中起到十分重要的支撑作用，也为我国经济运行中的节能降耗做出了重要贡献。从20世纪80年代开始，在国家实行改革开放政策的指引和制造业快速发展的拉动下，我国模具行业吸引了大量民营资本进入，使得民营模具企业得到快速发展；同时，随着国有企业改制的不断推进，我国的传统模具制造企业逐步从原有的“全能模具厂”或“产品厂的模具分厂、车间、班组”模式逐步转变为服务于特定行业或特定产品的专业模具企业，使得我国模具制造行业快速走向专业化生产。

20世纪90年代以来，在国家对模具行业实行加大科研投入和税收优惠等政策的支持下，模具行业通过引进、消化、吸收、再创新的战略，快速推动整个模具行业的技术进步和产业发展，逐步建立起包括模具材料研发、生产和供应体系，标准件生产、供应体系以及骨干模具企业在内的较为完整的现代模具工业体系；形成门类齐全、技术设备良好的模具产业基础，基本满足了我国制造业发展对模具的需求；实现了模具由辅助工具向装备制造业重要组成部分的转变。

进入21世纪以来，顺应国内外模具下游行业需求变化，我国模具行业逐步完成业务转型和产业升级。根据统计，目前我国从事模具技术研发、模具标准件及零部件专业生产的企业约3万家，2016年全国模具总销售额约1840亿元(不包括自产自用未进入流通环节的模具)，预计2018年全国模具总销售额可突破2000亿元。

随着中国内需的拉动以及中国模具在国际模具采购中具有性价比的优势，国际国内市场需求持续增长，行业稳健发展，预计未来中国模具行业仍会有较大的增长空间。中国的模具制造技术水平总体进步很大，部分产品已经接近或达到国际水平，中国模具在国际采购格局中将占据越来越重要的地位。

我国的模具已经走向国际市场，出口量达到年产量的30%以上。从我国模具产品供需结构看，中低端的产品产量较大，高端产品特别是重要零部件的精密模具缺口较大，需要从国外进口。我国模具行业需要不断进行技术创新，实现产业升级。

1.1.2 模具的分类

根据加工对象和加工工艺的不同，模具可以分为冲压模具、塑料模具、铸造模具、锻压模具、橡胶模具、粉末冶金模具、拉丝模具、无机材料成形模具等，其中冲压模具、塑料模具、铸造模具、锻压模具和橡胶模具是最主要的五类模具，其详细分类、加工工艺及主要应用领域如表1-1所列。

表1-1 模具的分类、加工工艺及主要应用领域

模具类型	模具品种	加工工艺及主要应用领域
冲压模具	根据工艺性质，可分为冲裁模、弯曲模具、拉深模具；根据工序组合程度，可分为单工序模、复合模、级进模、传递模；根据冲压时的温度情况，可分为冷冲压模具、热冲压模具等。	板材冲压成形工艺，主要应用于汽车覆盖件、结构件生产。

（续表）

模具类型	模具品种	加工工艺及主要应用领域
塑料模具	挤塑模具、注塑模具、热固性塑料注塑模具、挤出成形模具、发泡成形模具、低发泡注塑成形模具和吹塑成形模具等。	塑料制品成形加工工艺，包含热固性和热塑性塑料，主要应用于医疗设备、家电产品、汽车内饰、办公设备部件生产。
铸造模具	各种金属零件铸造成形时采用的模具。根据铸型的材质分为砂型铸造模具和金属型铸造模具等。金属型铸造模具根据压力不同可分为重力铸造模具、低压铸造模具、压铸模具等。	金属浇铸工艺和非铁金属材料压力铸造成形工艺，主要应用于汽车发动机、变速箱、轮毂、机床等复杂零部件的生产。
锻压模具	模锻锤和大型压力机用锻模、螺旋压力机用锻模、平锻机锻模等；各种紧固件冷镦模、挤压模具、拉丝模具、液态锻造用模具等。	金属零件体积成形，采用锻压、挤压等体积成形工艺，主要应用于齿轮、轴承的生产。
橡胶模具	橡胶制品的压胶模、挤胶模、橡胶轮胎模、O形密封圈橡胶模等。	橡胶压制成形工艺，主要应用于轮胎生产。

根据中国模具工业协会编制的《中国模具工业年鉴 2012》公布数据显示，我国模具总销售额中塑料模具占比最大，约占45%；冲压模具约占37%；铸造模具约占9%；其他各类模具共计约9%。

1.1.3 汽车模具

汽车模具是完成汽车零部件成形、实现汽车量产的关键装备，在汽车新车型开发、汽车换代项目中担负着重要职责。在汽车生产中，90%以上的零部件需要依靠模具成形。在美国、德国、日本等汽车制造业发达国家，模具产业超过40%的产品是汽车模具，而我国仅有1/3左右的模具产品为汽车行业服务。我国汽车工业的高速发展，催生了汽车零部件以及汽车模具的巨大市场，推动了汽车模具行业的快速发展，且使汽车模具行业的整体水平得到迅速提升。

汽车模具主要包括冲压模具、塑料模具（内外饰模具）、铸造模具等，其中冲压模具约占40%。

(1)汽车冲压模具

汽车冲压模具是冲制汽车上所有冲压件模具的总称。在汽车冲压模具中,汽车覆盖件模具占据了主导地位。汽车覆盖件模具具有尺寸大、工作型面复杂、技术标准高等特点,属于技术密集型产品。汽车覆盖件模具是汽车车身生产的重要工艺装备,其设计和制造时间约占汽车开发周期的2/3,是汽车换代的主要制约因素之一。

汽车覆盖件与汽车结构件组装后构成汽车车身或驾驶室的全部外部和内部形状,它既是外观装饰性零件,又是封闭薄壳状的受力零件。覆盖件的制造是汽车车身制造的关键环节之一。按功能和部位分类,汽车覆盖件可分为外覆盖件、内覆盖件。其中,外覆盖件指车身外表面零件,具有尺寸大、型面复杂、表面质量和精度要求高等特点,包括车门外板、发动机盖外板、顶盖、后行李箱盖外板、侧围外板、翼子板等。内覆盖件指车身内表面零件,一般与外覆盖件接合,包括车门内板、发动机盖内板、行李箱盖内板、地板等。结构件是指车身内部除内覆盖件以外的其他零件,与内、外覆盖件相比,形状尺寸偏中小,表面质量要求相对较低,包括A柱加强板、前后纵梁等。

(2)汽车内外饰模具

汽车内外饰件涉及的零部件品种繁多,常用的汽车内外饰件主要使用各类塑料、复合材料、表皮与织物材料等,其中塑料、复合材料在汽车内外饰件中占有主导地位。因此,汽车内外饰模具大多数属于塑料模具或复合材料模具。

各种内外饰件在整车车身所处位置不同,其功能要求、结构特征以及形状外观差异明显,导致各种汽车内外饰模具成形工艺也存在较大差异。目前,内外饰件所使用的模具成形工艺涵盖注射成形、压制成形、吹塑成形、挤出成形以及对纤维增强复合材料的特殊成形方法等。

汽车内外饰模具及配套产品属于非标装备。各整车厂开发新款车型时,需要整车厂或内外饰件供应商重新设计内外饰件,并需要配套模具企业开发相应模具产品。通常情况下,一款车型根据其具体配置数量,需要1～3套内外饰模具及检具产品用于生产各类内外饰零部件。每款车型的设计对内外饰丰富程度以及具体成型工艺的要求不同,导致其所需模具数量也存在差异。

随着人民收入水平的逐步提高,我国汽车消费正在进入产品升级换代阶段。我国汽车消费整体呈现逐步高端化的发展趋势。与低端汽车相比，中高档汽车更加注重车身内饰的设计以及内外饰的材质及做工，车内大量使用各种夹层复合材料的软质或半软质内饰件，在提升内饰外观与质感同时，并利用其良好的隔音隔热性能，将车内视听系统与内饰系统紧密融合起来。例如，通过在传统塑料内饰件上添加无纺布、纤维材料、皮质作为表皮，或在原有内饰件表皮与骨架中添加发泡层等方式生产各类的内外饰件。因此，中高档汽车所需内外饰模具数量更多，对模具结构、工艺以及精度要求更高。同时，国内各整车厂通过丰富内外饰配置、提升内外饰品质等方式提升原有中低端车型的产品定位，逐步获得消费者的认可。汽车消费高端化趋势为汽车内外饰模具企业带来新的发展空间。

模具、检具是汽车内外饰件生产中的重要工艺装备。每一种新型号的汽车通常需要内外饰模具400余套，由于大多数汽车内外饰件均属于不可沿用产品，整车厂在开发新车型及对现有车型改款时，通常需要重新设计绝大部分内外饰件，并采购相应的模具和检具产品。

(3)汽车铸造模具

汽车行业中铸件的使用率约25%。随着铸造工艺水平和铸造装备水平的不断提高以及汽车轻量化进程的加速，汽车上原有的一些非铸件零部件被铸件替代，铸件的应用范围在现有基础上仍将不断扩大。铸造工艺中使用的模具被称为铸造模具，目前铸造模具已广泛应用于汽车用发动机缸体、发动机缸盖、发动机缸盖罩、飞轮壳、变速箱、轮毂、后纵梁以及轨道交通车辆齿轮箱体等部件的生产。常用的铸造工艺包括砂型铸造、金属型铸造、低压铸造和高压铸造，相应的模具分别被称为砂型铸造模具、重力铸造模具、低压铸造模具、压铸模具。

铸造工艺具有良好的成形性能，较好的适用性、较低的生产成本，使得其在汽车领域得到了广泛的应用。目前，汽车动力系统、传动系统、底盘行走和悬挂系统中的一些重要的、结构复杂的零部件均需使用铸造工艺来生产，该领域为铸造模具在汽车中的传统应用领域，具体包括发动机缸盖、发动机缸体、发动机下缸体、发动机缸盖罩、变速器壳体、变扭器壳体、链轮罩、进气歧管、油底壳体、前副车架、后副车架、转向节等。

由于铸造工艺中的压铸具有熔融合金填充速度快、生产效率高、操作简单的特点，易实现机械化和自动化，可用来生产大型、薄壁、复杂的汽车车身结构件。采用铝合金压铸工艺生产的结构件,具有重量轻、韧度高以及力学性能好等特点,在汽车上具有较好的应用前景。近年来,在汽车轻量化不断加速的大背景下,奥迪、捷豹、宝马、奔驰等各大汽车厂商均逐渐使用铝合金压铸结构件替代传统的钢质或铁质冷冲压结构件。目前,压铸模具可用来生产汽车减震塔、内扭矩壳体、外扭矩壳体、仪表板、门框、后横梁、后纵梁、行李箱框、中通道等20多种汽车车身结构件。

1.2 汽车冲压模具开发特点及流程

1.2.1 汽车冲压模具开发的主要特点

(1)订单式生产

汽车覆盖件和结构件模具属于专用工艺装备,每套模具均根据整车厂订单需求,针对某一特定车型的特定零件设计生产,产品差异化特征明显,因此本行业属于典型的非标准产品设计与制造行业,这决定了行业内的企业需要不断地进行技术创新并采取"以销定产、以产定购"的经营模式。

(2)交货期长

汽车冲压模具制造包括设计、数控加工、装配调试和验收四个主要阶段。在订单签订后,通常汽车模具业务流程如下:第一,根据订单要求的技术参数进行冲压工艺分析与产品结构设计;第二,根据设计的产品结构制作保丽龙、进行投铸;第三,铸件回厂后进行数控加工、装配、调试,在汽车模具企业现场对模具的各项指标进行预验收并发货;第四,当模具到达客户在现场进行安装调试并生产出合格产品后,客户对模具进行最终验收。

汽车模具制造具有生产验收周期长的特点。通常,模具订单从签订到终验收需要6~24个月的时间。其中,订单承接至铸件回厂需要2~6个月进行冲压工艺分析和结构设计、制作保丽龙;从铸件回厂到预验收完成后发货需要3~12个月时间;从发货到终验收需要1~6个月的时间;终验收后有12个月左右的质保期。对于少部分整车模具订单或金额数千万元的订单,交货期有时甚至长达两年以上。

影响模具交货期的主要因素包括以下五个方面:

① 在模具设计与制造过程中，客户基于调整技术和品质标准等原因，常常要求实施模具设计变更。

② 模具生产与车身开发息息相关，汽车厂商根据市场需求情况，对新车型推出计划不断调整，从而影响模具验收进度。

③ 同一订单往往包含多套模具，模具企业受产能制约，只能陆续投产，一次性交货。在全部模具调试合格后，由汽车厂商集中进行最终验收。

④ 模具的复杂程度及客户对模具品质要求的程度不同。

⑤ 模具企业的设计水平、加工设备精度及调试工人的个人经验不同。

(3)模具生产与车身开发息息相关

模具生产是车身开发的重要部分，车身的实验、修改、定型与模具生产同步进行，车身设计要求的变更必然对模具开发带来很大影响。模具制造完成后，整车生产企业还需要通过小批量冲压、焊装、涂装、总装等工艺环节的验证，在新车批量投产后，模具才能最终被确认定型。因此，模具生产一方面决定车身开发进程，另一方面也受车身开发进程的影响。

(4)战略联盟逐渐形成，合作与竞争并存

为保证汽车产品质量，汽车厂商往往将开发某个车型所需的所有模具由尽量少的汽车模具企业来实施完成。汽车厂商的该种需求促使模具企业相互之间形成稳定的“战略联盟”，即以一个实力强大、技术水平高的大型模具企业为核心，以具有一定实力的模具企业为骨干，各企业建立起包括原材料、工艺、技术、市场等要素紧密联系的各种形式的协作关系，彼此之间相互配套、优势互补，从而发挥群体优势。因此，模具行业呈现竞争与合作并存的局面。

1.2.2　汽车冲压模具开发流程

汽车冲压模具的开发进度直接影响整个项目的重要开发节点，是汽车主机厂生产准备中的重要部分。从工艺数据发布到最终验收，模具开发过程可细分为以下十个阶段。

(1)工艺数摸发布

汽车主机厂设计部门下发产品数模，工程开发技术人员根据产品数模进行工艺预分析和预估价（以此作为招标依据）并编制招标文件，通过招投标流程选定模具供应商。

(2)冲压件制造工艺可行性分析

模具供应商收到产品数模后,对每个冲压件进行工艺可行性分析。一般情况下大部分冲压件都需要 CAE 分析,CAE 分析的主要目的如下:

● 直观的观察零件板料的成形过程;

● 缩短模具设计及分析的周期;

● 采用优化设计,最大限度的降低模具和钢材的消耗,降低制造生产成本;

● 在制造前预先发现模具和零件的潜在风险;

● 确保模具的设计合理性,减少设计成本;

● 通过对零件的潜在问题分析,及时提出合理的设计变更建议,更高效的推进模具开发工作。

根据冲压件的 CAE 分析结果,工程开发技术人员充分利用现场生产调试的经验,查看工艺参数、拉延补充是否合理等,针对零件的起皱、开裂等风险,及时提出解决方案。

(3)DL 图的设计与会签

DL 图设计即 Design Layout 图设计,也可称冲压工序分析设计或模具工艺流程图。DL 图内容包含:零件料片的尺寸、冲压的方向与角度、冲压的工序排布、送料方向、废料刀分布及刃口方向、废料排除方向示意、CH 孔、左右件标识、各工序标注等。

同时,DL 图还需体现相关工序的冲压设备、模具高度、模具材质、压边圈或压料板的工作行程、板料的定位方式、完成工序的压力分析等。

模具 DL 图设计可与 CAE 分析同时进行,在开发周期允许的情况下也可在 CAE 分析结束后再进行 DL 图设计。

DL 设计完成后,原则上模具供应商应完成内部审核,在内部审核问题整改完成后即可提交给汽车主机厂进行会签。DL 图的会签非常关键,直接影响模具结构设计,并且对模具开发周期有较大的影响。若 DL 图后期再更改,会造成模具开发周期的延长和成本的浪费。汽车主机厂工程开发部门主要审核零件工艺的合理性、压力机台面参数的正确性、工艺补充的合理性、材料利用率以及结合压力机情况审查送料方便性等。

(4)模具结构图设计与会签

模具结构图设计顺序:拉延模具→整形翻边类模具→修边冲孔类模具。

因模具的铸造和加工周期是硬性时间，无法压缩，所以为了保证项目的进度，模具结构图设计环节非常重要，应尽可能将模具设计环节时间提前，为后续模具的制造争取时间。

模具首次取样一般为半手工样件，只要求成形即可，其余修边及冲孔通过激光切割完成，所以应该先进行拉延模和整形翻边类模具的设计，再进行修边冲孔类模具图的设计。

模具供应商根据DL图指导，进行模具结构图设计，设计完成后同样先通过内部评审，内审问题整改完成后提交给汽车主机厂工程开发部门评审会签。

汽车主机厂工程开发部门要对以下几个方面予以重点关注：

- 模具的功能性；
- 结构稳定性及强度；
- 模具生产安全性；
- 模具各参数与量产压力机的符合性；
- 调试和生产的方便性；
- 模具主要部件的材质与技术协议所要求的条款的一致性。

对于评审中发现的问题，汽车主机厂会要求模具供应商进行整改。相对于模具后期(模具成型后)的变更，在图纸设计阶段进行修改更容易实现，同时设计变更对模具开发周期和成本的影响也可降到最低。部分有争议的问题需要多方进行客观地讨论以寻求最佳方案。在模具图评审过程中，要求工程开发技术人员立场坚定并且有过硬的技术和现场调试经验。

(5)发布铸造数据和对保丽龙进行评审

模具结构图设计评审完后，可进行制作保丽龙。在制作保丽龙阶段需要汽车主机厂项目组发布铸造数据，以保证实型的可铸造性，保丽龙是一种由聚苯乙烯经过高温发泡形成的一种材料，依据模具结构图进行数控加工，并考虑适当的模具加工余量(8～10mm)和泡沫的收缩率。

制作保丽龙的周期一般为一周左右，制作完成后需要对其进行现场评审，一方面是确保保丽龙与模具结构图一致，另一方面是确认在模具结构图评审中出现的问题是否已经整改到位，或查找模具结构图评审中未发现的新问题。保丽龙的评审是模具制作过程中不可或缺的过程，因为它是模具结构更改的最后一关，一旦进入铸造阶段，模具结构将很难更改。

(6)模具铸造

保丽龙整改完成后,即可发运到铸造厂进行铸造,模具铸造周期为15～20天。模具铸造完成回厂时,模具供应商会对铸件质量进行检查,主要检查铸件是否存在裂纹等重大铸造缺陷,但铸件内部夹砂等缺陷需要加工后才能看出。

(7)NC数模发布及数控加工

模具铸件回厂后即可进行数控加工,但前提是NC数据已经发布,模具供应商可根据产品的NC数据进行数控编程,然后进行数控加工。模具的数控加工大致可分为龙铣、组立、半精加工、精加工等。在数控加工过程中,可发现铸件是否有夹砂或裂纹等缺陷。数控加工完成后还需要对模具进行热处理以达到所要求的硬度。模具的数控加工周期一般为20～25天,在项目开发时间紧张的情况下,如何合理的安排数控加工时间非常重要。

(8)模具钳工、调试、取样

模具的钳工阶段包括模具基准打磨、合模、试模、取样等,模具数控加工后仍然为后续钳工留有一定余量,钳工调试主要检查上下模具的研和率、导向的研和率,确保冲压出合格的冲压件,通过模具钳工调试,可鉴定出模具的品质,同时也能确定出下料的尺寸等。模具调试阶段,汽车主机厂往往会要求模具供应商提供试装车样件。

(9)模具预验收

模具供应商在计划时间内完成所有承制模具制作并自行调试合格后,可向汽车主机厂开发部门申请预验收,模具厂需要提供模具的自检报告和所有冲压件的合格率报告。汽车主机厂开发部门在接到模具厂的预验收申请后,组织人员到模具厂进行预验收,主要从模具静态、动态、冲压件质量三个方面进行预验收。其中模具动、静检验按照主机厂验收标准执行,冲压件检验分为表面质量、形状尺寸精度与刚度三个方面。

对在预验收过程中发现的问题,原则上要求模具供应商整改,待整改完成后再包装发运,但部分问题若不影响冲压件品质,且整改难度小,在进度紧张的情况下,允许遗留到冲压件生产场地由模具供应商自派钳工人员持续整改。

(10)模具进厂调试与最终验收

模具由模具供应商车间转移到主机厂冲压件生产地后,两者设备的差异会导致冲压模具及冲压件状态产生变化，这要求模具进厂后继续进行模具调试。一般拉延模具的首轮研和时间为1～2月，而整个模具的调试周期长达半年或更久时间，冲压件生产地调试过程始终围绕以下几个方面进行：

● 将冲压件在焊接夹具上进行装夹，验证模具、夹具、检具以及检具与焊接夹具的协调性；

● 保证冲压件的精度，将冲压件放在检具上进行检查，要求合格率在90%以上；

● 冲压件在检具上发现的问题或者在焊接调试过程中反馈的问题或缺陷，需由模具供应商负责整改；

● 对模具动态、静态检查项目的符合性检查；

● 模具在量产压力机上连续生产可靠性。

模具调试整改周期较长，将以上几项都整改完成并且生产稳定运行3个月后，汽车主机厂工程开发部门可组织模具使用方、工装管理人员、质量检查人员等进行模具的终验收并签署最终验收报告。

模具在完成最终验收后，模具的开发工作才算阶段性完成。模具只有在正确地使用和维护下，才可延长使用寿命、降低废品率、提高生产效率，为汽车企业带来经济效益。

1.3　汽车冲压模具制造技术的发展趋势

近年来，很多模具企业加大了用于技术进步的投资力度，将技术进步视为企业发展的重要动力。国内模具企业已普及了二维CAD，并陆续开始使用UG、Pro/Engineer、I－DEAS、Euclid－IS等国际通用软件，个别厂家还引进了Moldflow、C－Flow、Dynaform、Optris和Magmasoft等CAE软件，并成功将其应用于汽车冲压模具的设计中。

以汽车覆盖件模具为代表的大型汽车冲压模具的制造技术已取得很大进步，东风汽车公司模具厂、一汽模具中心等模具厂家已能生产轿车覆盖件模具。此外，很多研究机构和大专院校也在进行模具技术的研究和开发。经过不断的努力，人们在模具CAD/CAE/CAM技术方面取得了明显进步，在提高模具质量和缩短模具设计制造周期等方面均做出了较大贡献。

虽然中国模具产业在过去的十多年中取得了令人瞩目的成就，但在很多方面与产业发达国家相比仍有较大的差距。例如，精密加工设备在模具加工设备中的比重还比较低，CAD/CAE/CAM 技术的普及率不太高，很多先进的模具技术应用不够广泛等，致使相当一部分大型、精密、复杂和长寿命模具仍然依靠进口。

汽车冲压模具技术的发展应该为适应模具产品交货期短、精度高、质量好、价格低的要求服务。采用以下模具制造技术将是模具制造业的发展趋势：

(1)CAD/CAM/CAE 技术

模具 CAD/CAM/CAE 技术是模具设计制造的发展方向。随着计算机软件的发展和进步，普及 CAD/CAM/CAE 技术的条件已基本成熟，各企业将加大 CAD/CAM 技术培训和技术服务的力度，进一步扩大 CAE 技术的应用范围。计算机和网络的发展正使 CAD/CAM/CAE 技术跨地区、跨企业、跨院所地在整个行业中推广成为可能，从而实现技术资源的重新整合，使虚拟制造成为可能。

(2)高速铣削加工技术

近年来，国外发展的高速铣削加工大幅度提升了加工效率，并可获得极高的表面光洁度。同时，高速铣削加工技术还可加工高硬度模块，具有温升低、热变形小等优点。高速铣削加工技术的发展对汽车、家电行业中大型模具的制造注进了新的活力。目前，该技术已向更高的灵敏化、智能化、集成化方向发展。

(3)模具扫描及数字化系统

高速扫描机和模具扫描系统提供了从模型或实物扫描到加工初期用于观察的模型所需的诸多功能，大大缩短了模具的研发制造周期。有些快速扫描系统可快速安装在已有的数控铣床及加工中心上，实现快速数据采集、自动生成各种不同数控系统的加工程序、不同格式的 CAD 数据，用于模具制造业的“逆向工程”。

(4)电火花铣削加工技术

电火花铣削加工技术也称为电火花创成加工技术，这是一种替换传统的用成形电极加工型腔的新技术。它是有高速旋转的简单的管状电极作三维或二维轮廓加工（像数控铣一样），因此不再需要制造复杂的成形电极，这显然是电火花成形加工领域的重大发展。

（5）模具标准化技术

我国模具标准化程度正在不断进步，目前使用覆盖率已达到30%左右，而国外发达国家一般为80%左右。

（6）材料先进表面处理技术

选用优质钢材和应用相应的表面处理技术来延长模具的寿命显得十分必要。模具热处理和表面处理是充分发挥模具钢材料性能的关键环节。模具热处理的发展方向是采用真空热处理。模具表面处理应发展工艺先进的气相沉积（TiN、TiC等）、等离子喷涂等技术。

（7）模具研磨抛光自动化、智能化

模具表面的质量对模具使用寿命、制件外观质量等方面均有较大的影响，应采用自动化、智能化的研磨与抛光方法替换现有手工操纵方法以提高模具表面质量，这是模具制造技术今后重要的发展趋势。

（8）模具自动加工系统

模具自动加工系统由多台机床共同组合，配有随行定位夹具或定位盘、完整的机具和刀具数控库、完整的数控柔性同步系统以及质量监测控制系统。国外已经出现模具自动加工系统。随着多种新技术在我国快速发展，模具加工自动化也是我国模具加工技术发展的必然趋势。

第2章　汽车冲压件工艺设计

在汽车开发造型阶段，冲压件的成形性分析也在同步进行。工程技术人员根据产品数模进行工艺初步研讨，研讨内容主要包括：拉延冲压方向、修边角度、冲压工序的划分、压料面的大致形状、典型断面的工艺补充、关注零件上的功能匹配面、孔径公差及其他技术要求。冲压件工艺设计应考虑产品的质量要求、生产条件限制、成本等。

2.1　冲压工序

2.1.1　落料(Blank，缩写 BL)

落料是指使板料分离并得到所需形状和尺寸的平板毛坯或制件。在实际生产过程中，落料常和冲孔放在一起。从模具结构上看，可分为普通的落料模和自动开卷线上使用的落料模两种。自动开卷线上使用的落料模采用级进模方式，送料高度及送料步距都有固定的尺寸或范围，一般经过若干个工步以后才得到完整的一块毛坯料。

2.1.2　冲孔(Pierce，缩写 PI)

冲孔是指沿封闭的轮廓分离出废料并得到带孔制件。在实际生产过程中，冲孔常和落料、修边一起，组成落料冲孔或修边冲孔工序。设计模具时，冲头尺寸的选取要考虑孔的公差要求，一般取公差带的50%或75%作为冲孔时冲头的尺寸。

2.1.3　拉延(或拉伸，Draw，缩写 DR)

板料在拉压应力状态下产生塑性变形而其厚度基本不变。根据使用的单双压力机的不同，从模具结构上分为单动拉延模和双动拉延模，如图 2-1 所示。它们共同的特点是都有凸模、凹模和压边圈。不同的是：单动拉延模的凹模在上面，凸模和压边圈在下面，凸模固定，压边圈靠气顶杆顶起；双动拉延模的凹模固定在下面，凸模和压边圈在上面，凸模固定在内滑块上，压边圈固定在外滑块上。双动压力机可以提供更大的压边力，一般用在大型零件上。

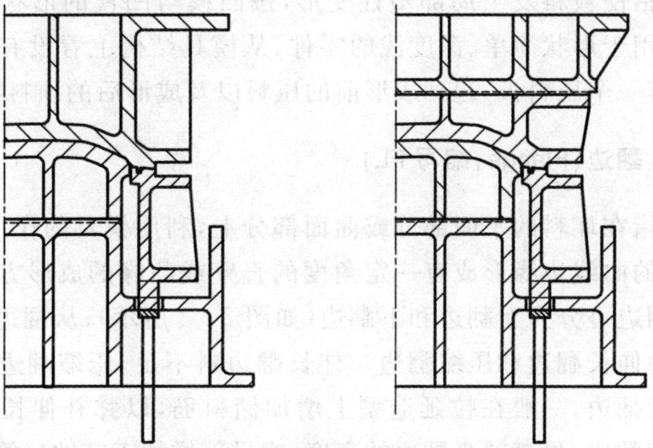

a）单动拉延模　　b）双动拉延模

图 2－1　拉延模类型

2.1.4　修边(Trim，缩写 TR 或 TRM)

修边是指切去成形制件多余的边缘材料。根据修边的方向分为垂直修边(如图 2－2 所示)和侧修边。垂直修边模具结构简单，侧修边模具结构复杂，加工维修都很麻烦，因此优先选择垂直修边。修边模在工艺上考虑废料

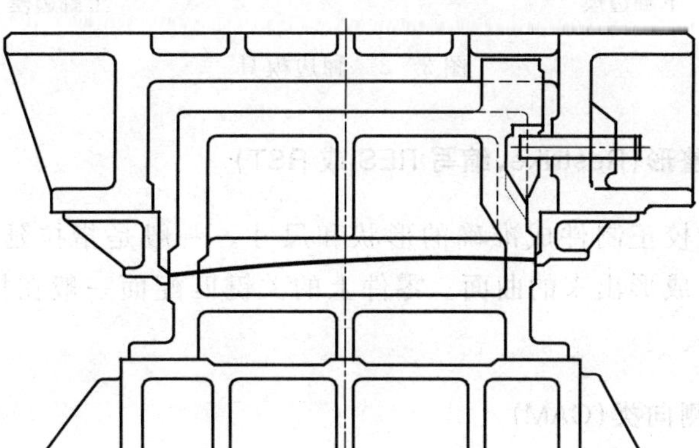

图 2－2　垂直修边模具

的排出是否顺畅，废料的大小是否合适，废料刀的布置等。

2.1.5 成形(Form，缩写 FO)

成形是指使板料发生局部塑性变形，按凸模与凹模的形状直接复制出制件。一般用于形状简单、深度浅的零件，从模具结构上看没有封闭完整的压边圈，只有一个压料板，起到成形前的压料以及成形后的顶料作用。

2.1.6 翻边(Flange，缩写 FL)

翻边是指在坯料的平面部分或曲面部分上，利用模具的作用，使之沿封闭或不封闭的曲线边缘形成有一定角度的直壁或凸缘的成形方法。从模具结构上看，翻边可分为上翻边和下翻边(如图 2－3 所示)；从翻边区域的变形情况看，分为伸长翻边和压缩翻边。伸长翻边料不足，压缩翻边料多余。所以，对于伸长翻边，一般在拉延造型上增加储料筋，以弥补伸长翻边料的不足；对于压缩翻边，尽量减小翻边的高度，或局部增加工艺缺口等。

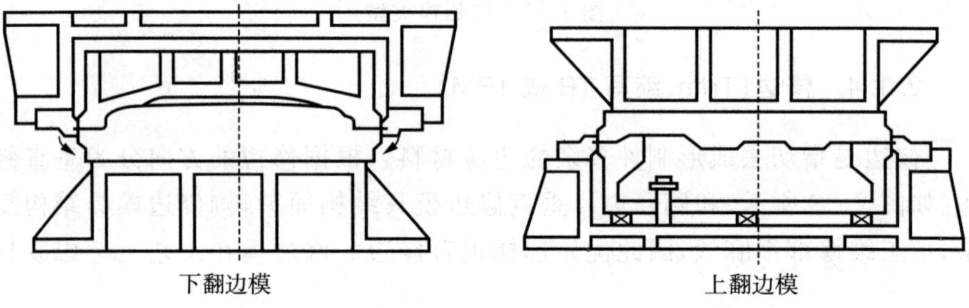

图 2－3　翻边模具

2.1.7 整形(Restrike，缩写 RES 或 RST)

整形是指校正制件成准确的形状和尺寸。一般是指拉延放大的圆角，或者拉延没有成形出来的曲面。零件上的关键匹配面一般在拉延后也需要再加整形工序。

2.1.8 侧向类(CAM)

侧向类是指沿着冲压方向不能完成的、靠斜楔改变运动方向的工序。

分为侧修边(CTR)、侧冲孔(CPI)、侧翻边(CFL)、侧整形(CRES)等。这类模具的特点是结构复杂,对加工、装配、调试等要求高。侧翻边和侧整形模具还要考虑制件的取出问题,翻边或整形的下模一般做成双活机构。旋转斜楔也能解决制件取出问题,但太复杂,一般模具厂很难掌握(如图 2-4 所示)。

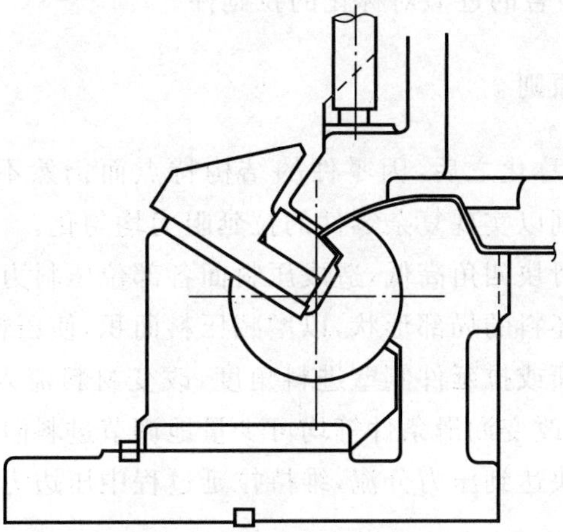

图 2-4　模具旋转斜楔

2.2　模面设计

汽车车身覆盖件的冲压成形基本都有拉延工序,所以拉延件结构是否易于拉延成形直接决定着整个冲压工艺制定得合理与否。拉延工序确定下来以后,覆盖件的其他冲压工艺也就基本确定下来,所以拉延工序制定是整个汽车车身覆盖件冲压工艺制定的关键。

2.2.1　匀流原则

材料流动越均匀,拉延件的质量就越好,即:匀流易成易优,偏流易败易劣。为了实现匀流,在拉延件设计中,通常要采取如下技术措施:

(1)等高化处理。选择一个合理的冲压方向,增加必要的工艺补充,使拉延件各部位的拉延高度尽可能相等或接近，通过等高等阻力实现匀流。

(2)对称化处理。对局部、1/4、半部、大半部容器形制件，用加工工艺补充的方法，使之构成整体化而实现匀流拉延。具体方法如下：

① 对称件的对称化处理。

② 同形零件的对称化处理。

③ 多种零件组合的近似对称化的拉延件。

2.2.2 均阻原则

在等高化和对称化之后，因零件的结构特点而仍然不能实现均匀变形时，可采用均阻原则以实现复杂零件的拉延阻力均匀化。

(1)调节压床滑块四角高低，造成压料面各部位压料力不同。

(2)改变拉延坯料的局部形状，以增减压料面积，使压料力发生变化。

(3)改变压料面或拉延件侧壁进料角度、改变材料流入的凹模口圆角半径、调整压料间隙、改变润滑条件等均可少量地调节进料阻力。

(4)使用平衡块达到压力分流，维持拉延过程中压边力的稳定。

2.2.3 伸延原则

在凹模口内部的材料，应设法使之处于不同程度的延伸状态。压料面断面展开长度应小于拉延凸模的断面展开长度，如图 2－5 所示。这样才能保证凸模区有一定的涨形成分并使周边产生一定的拉延变形。否则，多余的材料将会在凸模上产生料的堆积，周边也不能进料，从而失去了拉延的意义。

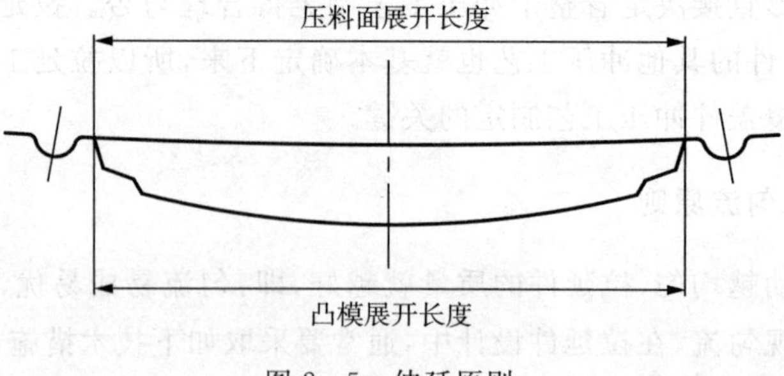

图 2－5 伸延原则

2.2.4　最大有效压料率原则

当毛坯和制件的尺寸一定时，有效压料面积与毛坯总面积的比率越大就越有利于拉延。台阶式凹模口的 F 区间为不压料区间，F 区间越大，就容易在该区出现拉延皱褶。双层凹模口连线与垂线之间的夹角 φ、φ_1 较大时，也不利于拉延，如图 2-6 所示。

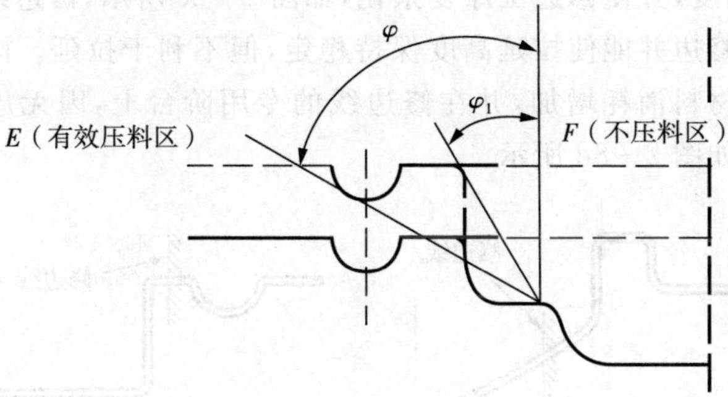

图 2-6　最大有效压料率

2.2.5　后续工序的可行性与合理性原则

在拉延后还要进行整形、修边、冲孔、翻边等若干工序。拉延件的设计要考虑后序的可行性、方便性和合理性。

(1)拉延后要进行整形的拉延件

拉延高度应根据整形前后圆角差值的大小而适当加大，以便用高度的减小去补偿整形圆角的变小，如图 2-7 所示。

$$(\text{拉延高度}-\text{整形高度})/\text{整形高度}\times 100\%=(3\sim 5)\%$$

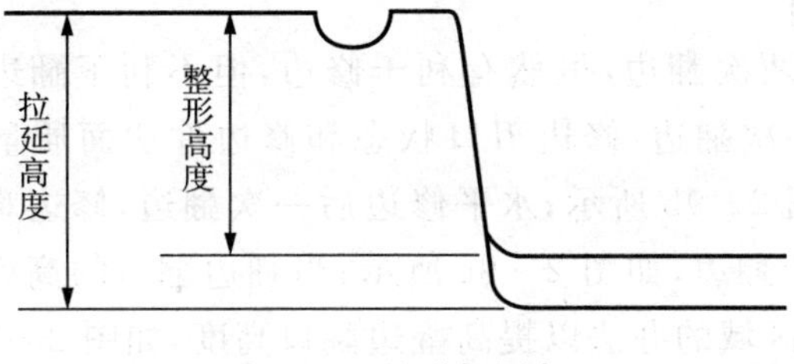

图 2-7　整形部圆角

(2)修边线的位置

修边线的位置与修边工序数量和模具结构有着密切的关系，是拉延与后续相关工序的重要内容。

修边线在凸模顶(底)部表面上时，通常仅用于浅拉延件，如图 2－8a 所示；修边线在压料面上时，既有利于拉延，也有利于修边，但当压料面磨损时，对拉延高度有影响，如图 2－8b 所示；修边线在拉延件的侧表面上时，需要增加拉延高度，并使修边工序复杂化，如图 2－8c 所示；修边线在专用形面上时，有利于修边并能使拉延高度保持稳定，但不利于拉延。因为它使有效压料面减小，材料消耗增加，并在修边线的专用阶台上，因无压料而容易出现拉延缺陷，如图 2－8d 所示。

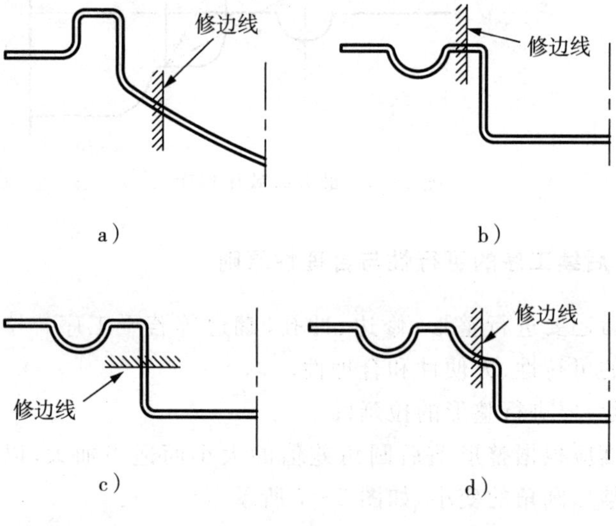

图 2－8　修边线位置示意图

(3)翻边翻口

垂直修边后两次翻边，虽然有利于修边，但不利于翻边，如图 2－9a 所示；倾斜修边后一次翻边，修边刃口状态和修边件切面质量不好，但可以实现一次修边，如图 2－9b 所示；水平修边后一次翻边，修边难度大，拉延高度要增加，但有利于翻边，如图 2－9c 所示；当翻边翻口的高度太大时，可以利用拉延扩大变形区域的办法以提高翻边翻口高度，如图 2－9d 所示。

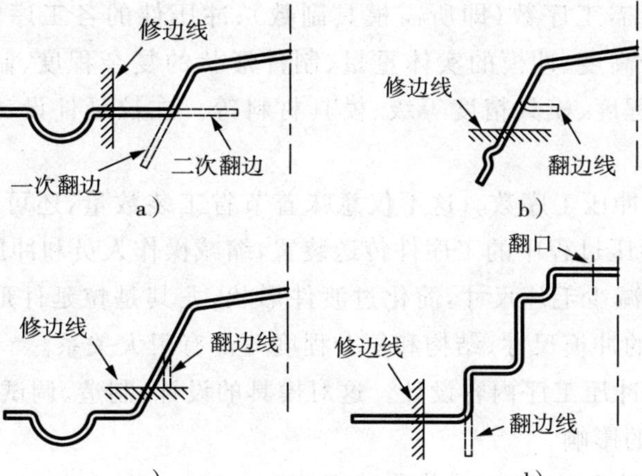

图 2－9　翻边设计

2.2.6　拉延的经济性原则

(1)提高材料利用率

提高材料利用率的方法：

① 采用尽可能小的工艺补充；

② 采用对称化拉延，互为工艺补充，以提高材料利用率；

③ 采用尽可能小的修边量、拉延高度、筋边距、筋间距和筋与凹模口之间的距离；

④ 研究集中成块废料，以提高废料的可再利用性。

(2)提高生产率

充分发挥设备的生产能力，如压力、压料力、行程次数、工作台面积的利用等，提高压机冲次利用率。利用联合安装或组合拉延提高压机动力和工作台面积的利用率。

(3)降低生产费用

使拉延后续工序数量最少且工艺简单，设计与生产纲领要求相适应的模具寿命，无不足或过多的寿命储备，以减少生产费用。选择合理的材料、热处理和加工精度，以满足使用寿命要求。

(4)降低冲模费用

模具费用是汽车开发成本中的一项重要投资。影响模具费用的因素有:冲压件所需工序数(即所需模具副数)、冲压件的各工序制件的轮廓尺寸、模具闭合高度、冲模的实体重量、制件形状的复杂程度、制件精度、模具结构的复杂程度、模具精度等级、模具材料等。在拉延件设计中,应注意以下几点:

① 减少冲压工序数。这不仅意味着节省工装数量,还可减少对压机的占用,减少冲压过程中的工序件传送装置,缩减操作人员和冲压占地面积。

② 尽量减少毛坯尺寸,简化过渡件形状,尤其是拉延件形状的确定,对零件各工序的冲模尺寸、结构和复杂程度等都有很大关系。

③ 优化冲压工序内容设计。这对模具的设计、制造、调试、保养、维修等都有着直接的影响。

④ 合理选择冲压方向,优化冲模结构。

2.3 拉延工艺设计

2.3.1 拉延件冲压方向的确定

确定合理的冲压方向应考虑以下原则:

(1)保证能将拉延件的全部空间形状一次拉伸出来,不应有凸模接触不到的"死区",要保证凸模全部进入凹模。如图 2-10a 所示,若选择冲压方向 A,则凸模不能全部进入凹模,此时零件右下部成为"死区",不能成形出要求的形状。若选择冲压方向 B,则可以使凸模完全进入凹模,成形零件的全部形状。如图 2-10b 所示为拉延件底部的反成形部分最有利于成形而确定的冲压方向,若改变冲压方向,则不能保证 90°角。

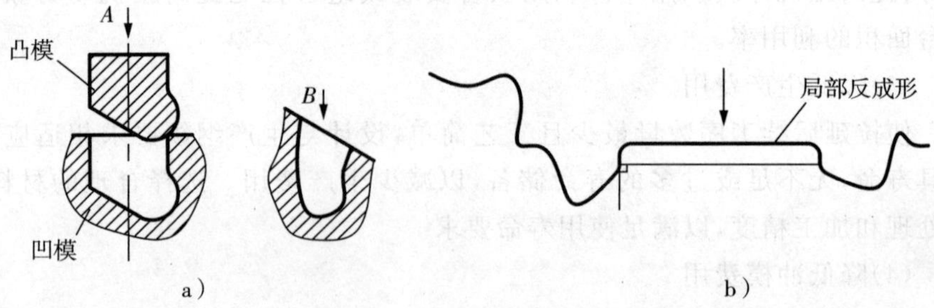

图 2-10 冲压方向确定

(2)尽量使拉伸深度差最小,以减少材料流动和变形分布的不均匀性,从而有利于成形。拉伸深度均匀是保证压料面各部分进料阻力均匀的重要条件。

(3)保证凸模与毛坯具有良好的初始接触状态,以减少毛坯与凸模相对滑动,有利于毛坯变形,并提高冲压件的质量。有利于防止表面缺陷。

(4)对一些外板件,为保证其表面质量,在选择拉伸方向时要保证拉延时不产生线偏移和冲撞痕线等缺陷。

2.3.2　压料面的设计

压料面是指位于凹模圆角半径以外那一部分坯料。设计压料面应遵循的原则有以下几个方面:

(1)压料面形状尽量简单,水平压料最好,也可设计成斜面、平滑曲面或平面曲面组合等形状。

(2)在任意剖面,压料面曲线展开长度要小于相对应拉延件曲线展开长度。

(3)构成压料面的基本面叠加时必定有相交线,相交线的交点不能落在板料实体内,否则会产生材料的折叠和破裂。

(4)压料面尽量减少急剧过渡。

2.3.3　工艺补充面的设计

工艺补充面是指为了顺利拉延成形合格的零件,在冲压件的基础上添加的那部分材料。由于这部分材料是成形需要而不是零件需要,故在拉延后的修边工序要将工艺补充切除掉。

工艺补充部分分为两大类:一类是零件内部的工艺补充;另一类工艺补充是在零件沿轮廓边缘展开的基础上添加上去的,一般包括工艺延伸面和压料面两个部分(如图 2-11 所示)。

工艺补充面的设计原则有:

① 内孔封闭补充原则;

② 简化拉伸件结构形状原则;

③ 保证良好的塑性变形条件;

④ 外工艺补充部分尽量小;

⑤ 对后序工序有利原则。

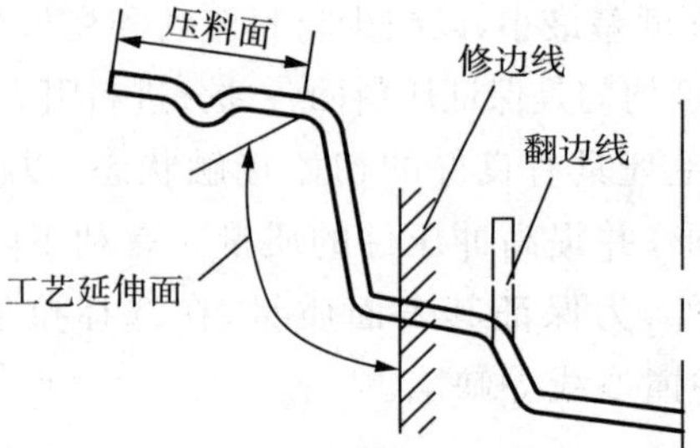

图 2-11 工艺补充面

2.3.4 拉延筋的设计

拉延筋的主要作用在于增加进料阻力、调节进料阻力的分布和提高零件成形质量。

(1)拉延筋的布置

布置拉延筋时,在板料流动速度大的区域设置大拉伸阻力的拉延筋,在板料流动速度小的区域设置小拉伸阻力的拉延筋,以平衡板料在凹模口部的流动速度差异。根据板料沿凹模模口处的流动速度,可确定拉延筋的布置。拉延筋连续的情况为从 R 切点开始 100mm 内高度渐变,拉延筋高度为 1.5～3mm。

(2)拉延筋的几何模型

拉延筋根据其断面形状的几何模型可分为圆形筋、方形筋、拉延槛、三角形筋四种类型,常用的形式是圆形筋和方形筋。

圆形筋有单筋和双筋。单筋用于法兰流入量最大的拉延,双筋用于法兰流入量特别大的深拉延,目的是控制筋的磨损,加大筋圆角半径 r,随着 r 的增加,附加拉力减小,用双筋来弥补。

方形筋用于法兰流入量较少的拉延或胀形。与圆形筋相比,方形筋能提供更强的附加拉力。

拉延槛用于材料流入量少的拉延或胀形,其材料利用率高,在同样的圆角半径 r 和高度 h 下,比方形筋的附加拉力小。

三角形筋主要用于胀形,材料完全没有流入。

通常,对于筋圆角半径和压入深度相同的拉延筋来说,拉延筋槽的凸肩半径(r_g)越小,拉伸阻力越大;对于相同半径的拉延筋来说,拉延筋阻力随筋压入深度(d)的增加而增加;对于不同半径的拉延筋来说,半径越小,所产生的阻力越大。

2.3.5　拉延台阶

采用拉延台阶的模具结构可以使零件的冲压工艺性大为改善,保证板料处于纯拉伸状态。拉延台阶是提高冲压件表面质量的有效方法之一,特别适合异形体曲率变化小及形状复杂的覆盖件,对有配合要求、形状尺寸精度高、表面要求光滑的轿车外覆盖件尤为适用。

设计模具时,选择合理的阶梯宽度(W)和深度(H)非常重要,如图 2-12 所示。

① $W>H$:拉伸台阶宽,其效果减弱,达不到材料充分展开的目的,易产生二次冲击线和划痕;

② $W<H$:拉伸台阶相对深度较大,材料在凸模与凹模的约束中,会在拉伸时出现破裂;

③ $W=H$:理想的拉伸台阶。

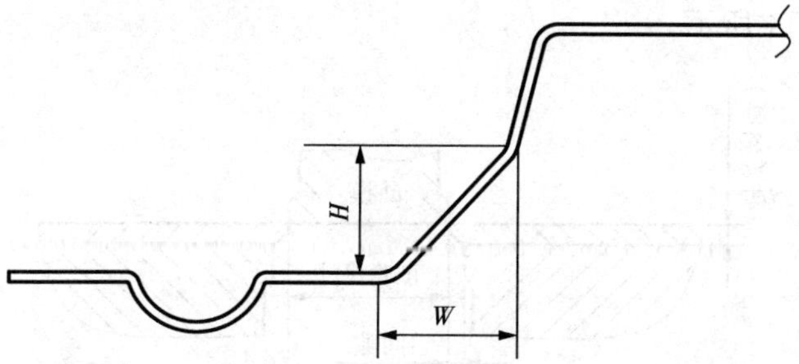

图 2-12　拉延台阶设计

2.4　修冲工艺设计

2.4.1　冲裁间隙

间隙是指在修边加工时凸模与凹模之间的缝隙。修边时若不根据料厚设置适当间隙，就会出现变形或回程带料的情况，从而很难保证精度。废料直径大体和凹模直径相等，孔径大体和凸模直径相等。

落料是以制件的外周为基准尺寸来确定凹模刃口（上模）尺寸并在凸模（下模）设置间隙，如图 2－13a 所示。

由于修边要求精度低，所以不论是内周边还是外周边，考虑制造维修方便，都以制件的边缘凸模刃口为基准尺寸，在凹模刃口设置间隙，如图 2－13b 所示。

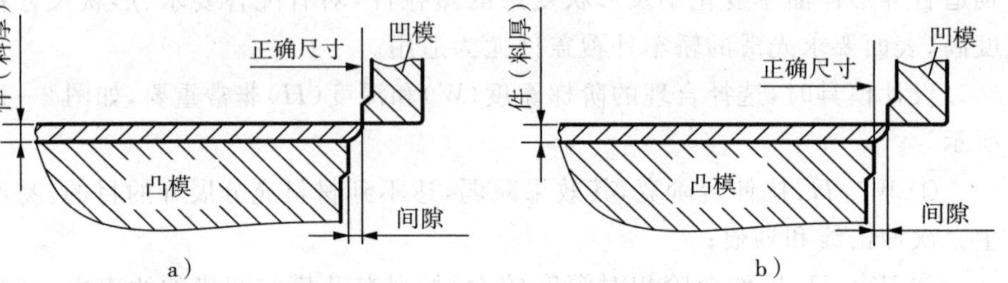

图 2－13　落料与修边间隙

冲孔以孔内径为基准尺寸来确定凸模直径为正确尺寸，在凹模设置间隙，如图 2－14 所示。

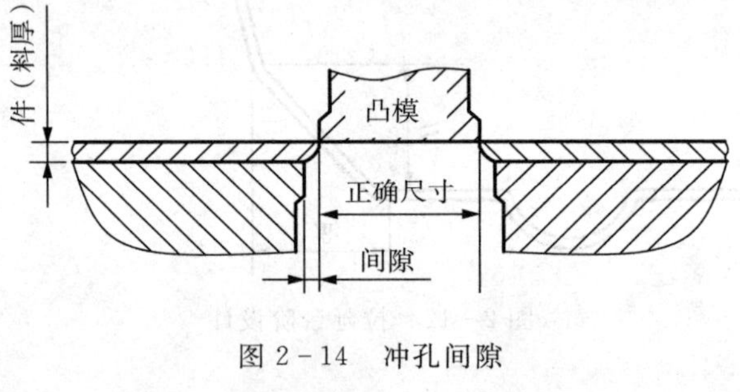

图 2－14　冲孔间隙

不同料厚凸凹模间隙量选择见表 2－1 所列。

表 2－1　基于料厚的凸凹模间隙参考表

料厚 t(mm)	单面间隙 C(mm)	间隙量(%)
0.5	0.05	5

（续表）

料厚 t(mm)	单面间隙 C(mm)	间隙量(%)
0.6	0.06	5
0.7	0.07	5
0.8	0.11	7
0.9	0.12	7
1.0	0.14	7
1.2	0.19	8
1.4	0.22	8
1.5	0.24	8
1.6	0.26	8
1.8	0.36	10
2.0	0.40	10
2.3	0.46	10
2.6	0.52	10
2.9	0.58	10
3.2	0.77	12
4.5	1.35	15
6.0	1.8	15

2.4.2　修边冲孔角度

(1)修边冲孔角度的分类

① 与斜面最大倾斜线平行的修边。

满足斜面修边的最小角度，超过最小修边角度时，改为侧修边，如图 2－15 所示，修边角度见表 2－2 所列。

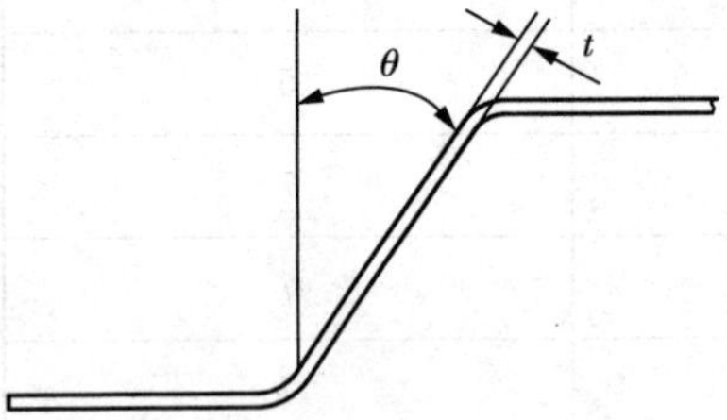

图 2-15　与斜面最大倾斜线平行的修边

表 2-2　与斜面最大倾斜线平行的修边角度

料厚 t(mm)	最小角度 θ(°)
0.6	5.7
0.7	8.0
0.8	9.2
0.9	10.3
1.0	11.5
1.2	13.6
1.4	16.2
1.6	18.6
1.8	21.6
2.0	23.5

② 与斜面最大倾斜线垂直的修边如图 2-16 所示，修边角度见表 2-3 所列。

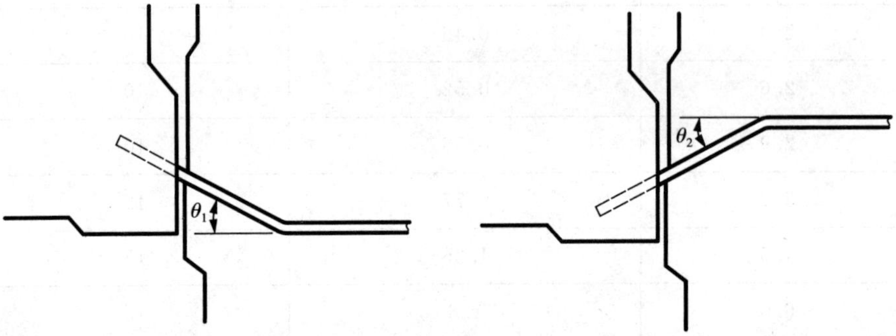

图 2-16　与斜面最大倾斜线垂直的修边

图 2-3　与斜面最大倾斜线垂直的修边角度

料厚 t(mm)	最大角度 θ_1(°)	最大角度 θ_2(°)
$t \leqslant 1.4$	20	25
$1.4 < t < 2$	15	20
$t \geqslant 2$	10	15

③ 冲孔时最大冲裁角度的规定见表 2 - 4 所列。

表 2 - 4 冲孔最大冲裁角度

孔径(mm)	面角度
孔径≤ϕ6	<5°
ϕ6<孔径≤ϕ12	<10°
ϕ12<孔径≤ϕ20	<15°

(2)定位孔的相关规定

① 料厚<1.2mm 时,冲孔角度<3°;

② 1.2mm≤料厚<1.4mm 时,冲孔角度<2°;

③ 料厚≥1.4mm 时,冲孔角度<1°;

④ 保证在同一工序完成。

2.5 翻整工艺设计

2.5.1 翻边角度

对于不包边的外板面,根据 CAE 回弹值或经验数据,翻边角度的设定要考虑回弹的安全量,然后保证翻边方向与翻边工艺面一致。

对于包边的外板件翻边角度设定,需要考虑包边角度(85°~105°)。

对于一些内板件,翻边角度设定要考虑翻边刀块的接触顺序对板件质量的影响。

2.5.2 翻整切入量

(1)翻边高度一致,翻边线变化时,冲压方向上的切入量为定值。

(2)翻边高度变化时,冲压方向上的切入量以最长翻边高度+10 为准,如图 2 - 17 所示,其中 F、F_1、F_2 为翻边高度,L 为翻边吃入量。翻边成形部分是分段的,此时允许各自确定切入量。

(3)翻边整形在同一条折弯线上时,翻边部分最长翻边与整形部分取同

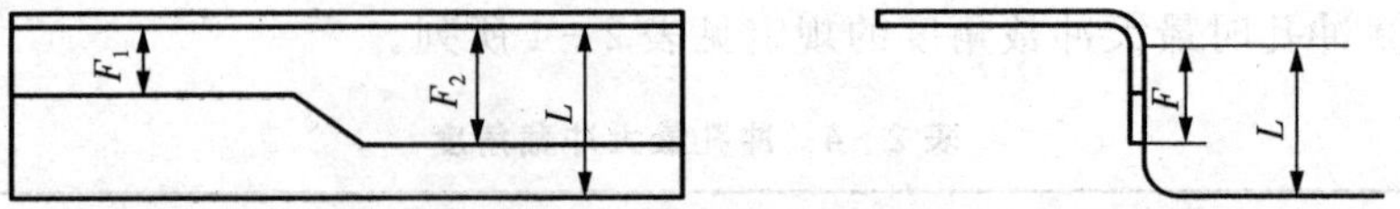

图 2-17　翻边高度变化时的切入量

一切入量，如图 2-18 中 L 和 R。翻边结构长时，切入量应逐渐过渡。为提高加工性及容易调整刃口，要采用分块结构，如图 2-18 中 F_1 和 R_1。

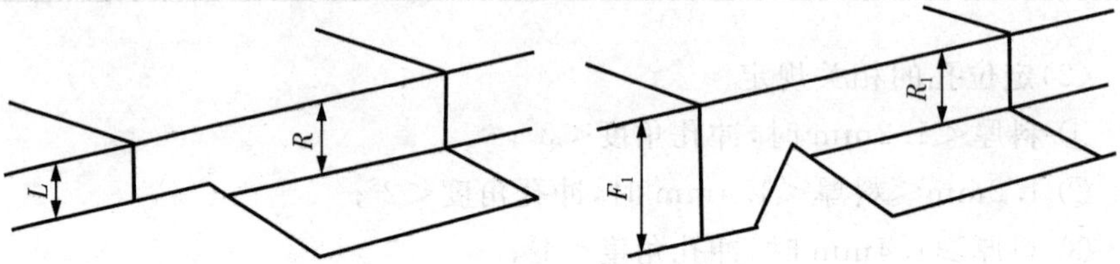

图 2-18　翻整同时切入时的切入量

(4)对外板件等进行防翘曲措施(车门外板等件)，两端先成形，中央最后切入，以防止弹性翘曲，两端比一般部位先切入。

(5)板件狭窄且型面光滑时，板件易产生窜动，此时即使翻边高度不同，也应同时切入(切入量与翻边高度较长的一侧一致)。

(6)弯曲线是倾斜形状时，先成形斜线前端，然后向平坦部分渐变切入(A 到 B)。因此，在确定压料板行程时，应考虑到倾斜部分切入量局部增加因素。倾斜前端切入量 A，一般切入量 B，两者以 A 为最大值渐变，A 部分比 B 部分先切入 20～30mm。此时，压料板行程由 A 部分的切入量确定，如图 2-19 所示。

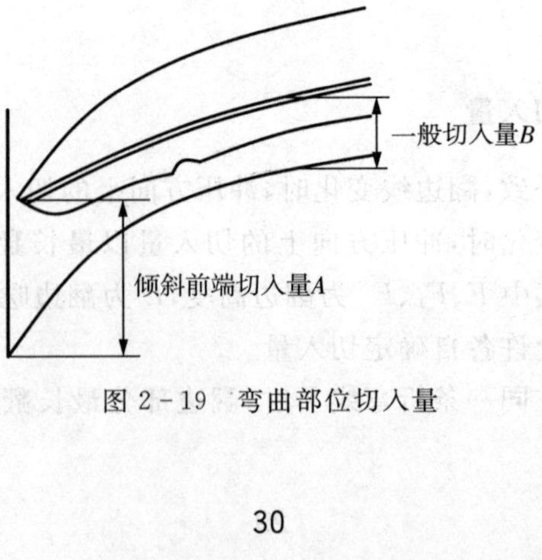

图 2-19 弯曲部位切入量

(7)从斜面开始成形时,先从前端成形,切入量渐变,并在模具图上标出渐变范围。翻边线变化较大且在一个加工方向上不能成形时,分两道工序成形。此时,设定搭接量最小的长度为 20mm,过渡区长度 40～50mm。

2.6　落料搭边值

排样应遵循提高材料利用率的原则。减少废料典型的排样有直排、对排、混排。搭边值推荐值如图 2-20 和表 2-5 所示。

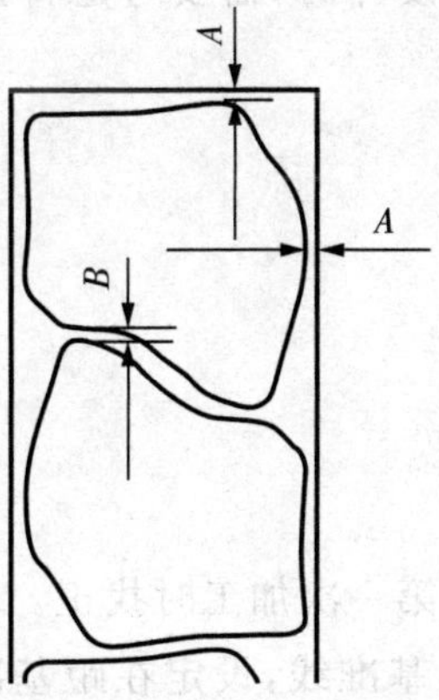

图 2-20　落料推荐搭边值

表 2-5　落料推荐搭边值(单位:mm)

材料厚度	A	B
0.5～0.8	2.0	1.8
0.8～1.2	2.0	1.8
1.2～1.6	2.0	1.8
1.6～2.0	2.2	2.0
2.0～2.5	2.5	2.2
2.5～3.0	2.8	2.5

第 3 章　汽车冲压模具通用结构设计

根据制造工艺的不同，汽车冲压模具主要分为铸造模和钢板模。相对于钢板模，铸造模制造工艺较为复杂、结构形式更多、制造周期更长。铸造模开发过程包括工艺设计、结构设计、制作保丽龙、铸造、机械加工、模具调试、表面处理等。钢板模结构相对简单，不需要做保丽龙及铸造。整车项目中，模具结构设计周期为 1～2 个月。模具结构设计时，需要考虑冲压件造型、铸造工艺、机加工工艺、生产方式等。

3.1　基　　准

3.1.1　粗基准

粗基准在冲模零件的铸造毛坯上做出，用于第一次加工时找正。

加工基准线：在模具外周转角设置 4 处加工基准线，设定在距基准底面 100mm 的位置。基准线不在模具图上画出，制作保丽龙时按标准制出，如图 3－1 所示。

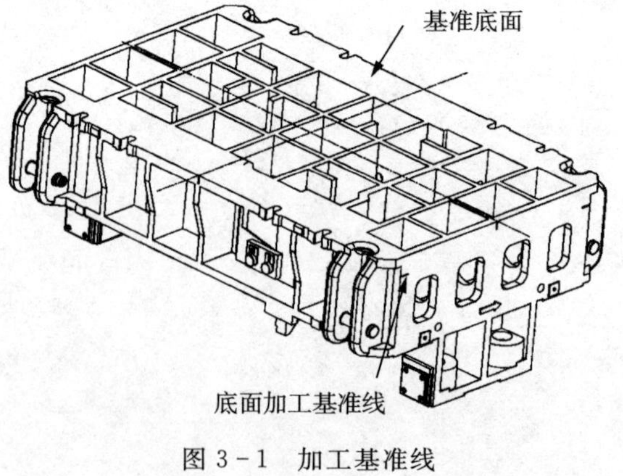

图 3－1　加工基准线

中心基准线：在模具中心设 4 处中心基准线，并在模具图上画出基准线凸台位置、结构尺寸和形状，如图 3-2 所示。

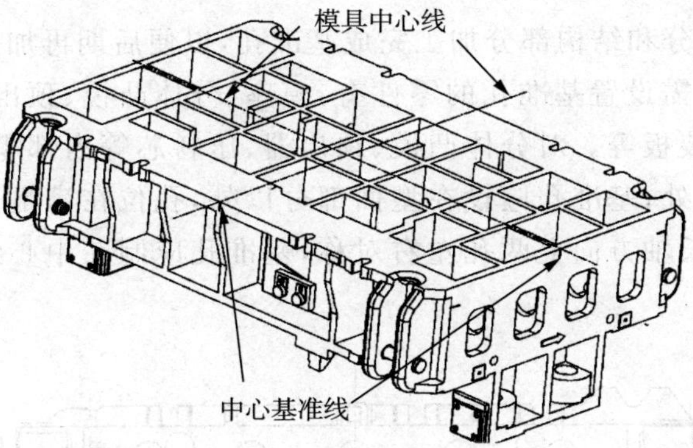

图 3-2　中心基准线

3.1.2　侧基准

在第一次加工底面的同时加工出侧基准面，其目的是在翻转加工工作部分和结构部分时用来找正平行度和冲模中心；侧基准面设于送料方向前侧与左侧非工作面上，两侧基准面互相垂直，每侧设 4 处，上下各 2 处，上下基准面高度一致，如图 3-3 所示。

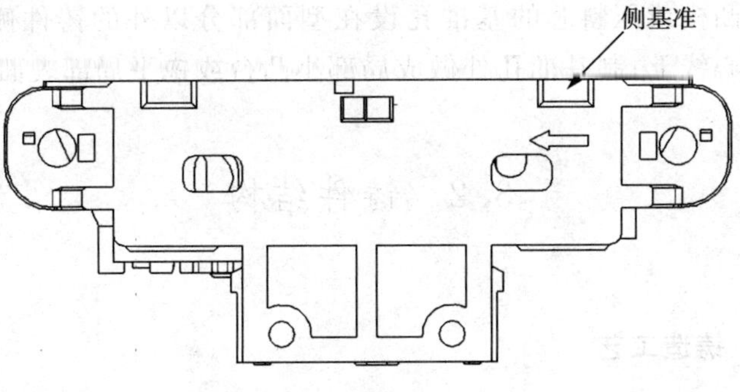

图 3-3　侧基准

侧基准面应要求靠近端头；除内部零件（如顶出器、压料芯和分体凸模等）不设突起的基准面外（可在加工时铣几处小平面），其余能够设置的模具零件都应设置侧基准。

3.1.3 基准孔(或称“三销基准”)

在工作部分和结构部分加工完成基准孔,以便后期再加工或返修时找正冲模中心。需设置基准孔的零件有:模座、分体凸模、顶出器、压料芯和凸模、凹模安装板等。对分体凸模、顶出器、压料芯等内部零件,基准孔应制在型面空开处;基准孔应设在型面部分以外,孔位在满足边距条件下要求远离中心,长轴方向上两孔左右对称,基准孔应制在中心线上,如图 3-4 所示。

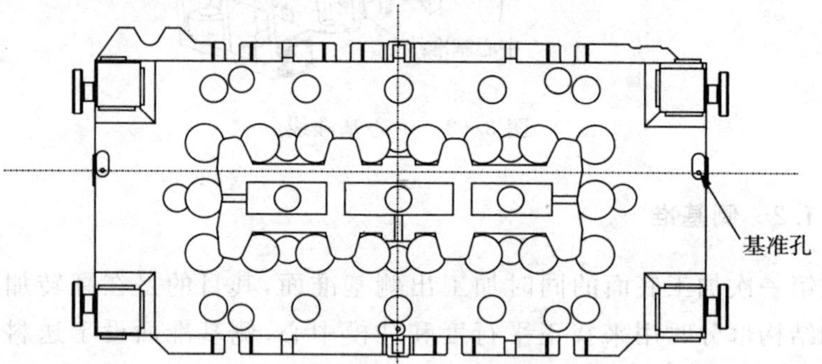

图 3-4 基准孔

全型面凸模或压料芯的基准孔设在型面部分以外的铸件侧面上,基准孔应制在中心线上;制基准孔处做成局部小凸台或锪平局部表面。

3.2 铸件结构

3.2.1 铸造工艺

铸造筋的结构如图 3-5 所示。

由于结构和铸造参数的限制,模腔内各点的熔融状态的铁水凝固时间不相等,这会使铸件在凝固后产生热应力,造成铸件变形、裂纹等缺陷。

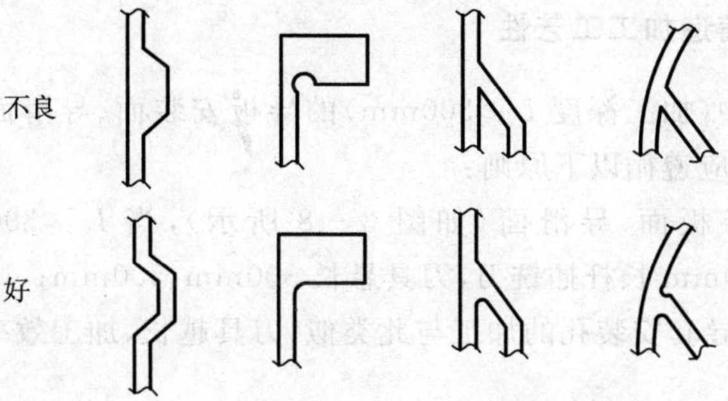

图 3-5　铸造筋结构

模具结构设计时，应避免铸造筋尖角（如图 3-6 所示）、壁厚不均（如图 3-7 所示）等情况的发生。

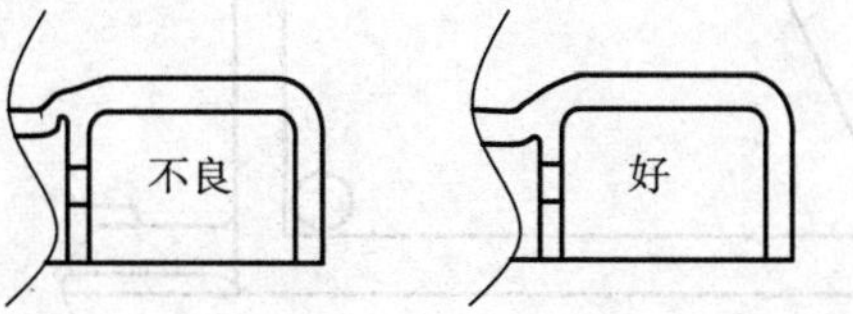

图 3-6　铸造筋尖角

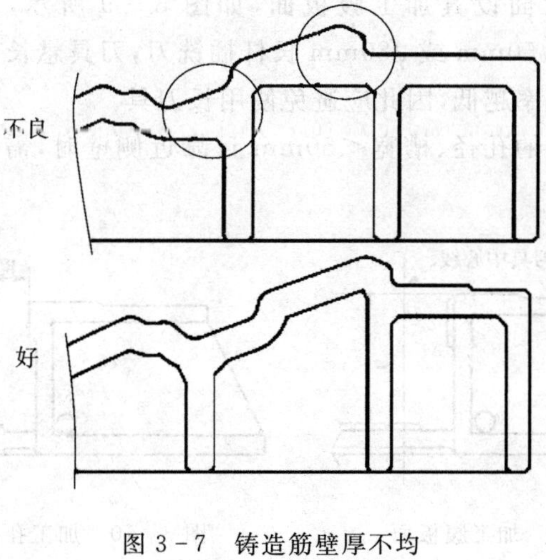

图 3-7　铸造筋壁厚不均

3.2.2 铸造加工工艺性

(1)深腔中(加工深度 $L\geqslant300$mm)的导板安装面、导滑面及导柱、导套安装孔的设置应遵循以下原则：

① 加工导板面、导滑面(如图 3-8 所示)，当 $L\geqslant300$mm 时，使用 $\phi50$mm 或 $\phi80$mm 长杆插铣刀，刀具悬长 300mm、500mm；

② 导柱、导套安装孔的加工与此类似，刀具越长，加工效率越低，应避免使用长刀具。

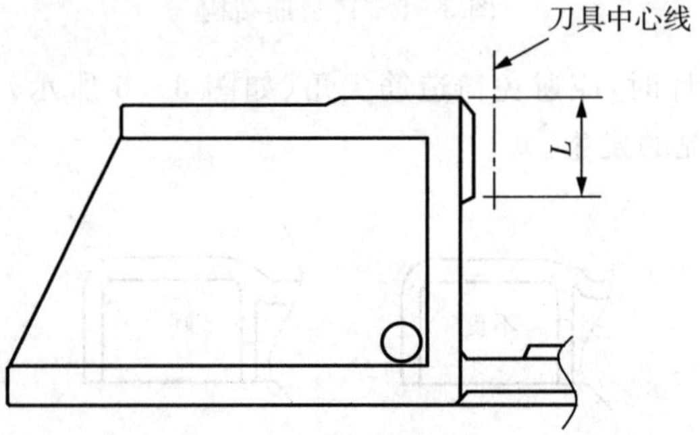

图 3-8 加工导板面、导滑面

(2)压料芯背面设置加工腹板面，如图 3-9 所示，当侧壁深度 $L\geqslant$ 300mm 时，使用 $\phi50$mm 或 $\phi80$mm 长杆插铣刀，刀具悬长 300mm、500mm；刀具越长，加工效率越低，因此应避免使用长刀具。

(3)当深腔中的孔径、槽宽＜50mm 且靠近侧壁时，需满足 $W\geqslant60$mm，如图 3-10 所示。

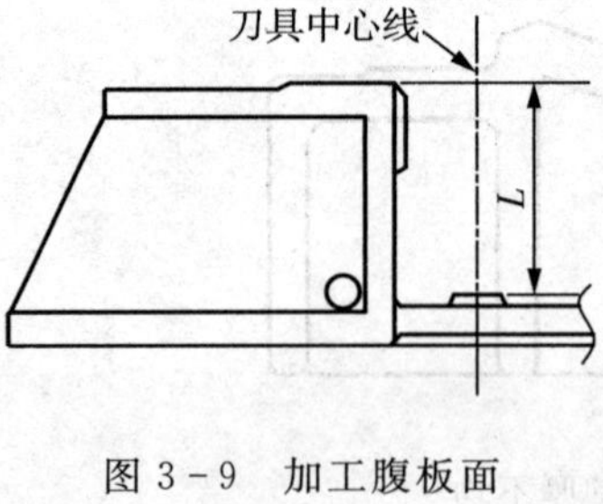

图 3-9 加工腹板面

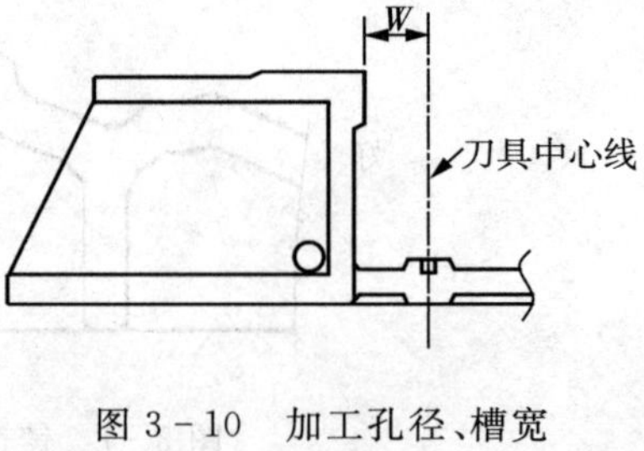

图 3-10 加工孔径、槽宽

(4)所有的转角 R 空开或与刀具相匹配，镶块背靠面设置成凸台面形式，减少加工面积，当侧壁高度 $L\leqslant 100$mm 时，$R\approx 18$mm；100mm$<L\leqslant$150mm 时，$R\approx 22$mm；150mm$<L\leqslant$300mm 时，$R\approx 28$mm，R 尽可能不要小于 10mm。当侧壁高度 $L\leqslant 120$mm 时，$W\geqslant 10$mm；$L>120$mm 时，$W\geqslant$25mm。转角 R 的设置如图 3－11 所示(单位：mm)。

(5)L 型导向凸台面的设置如图 3－12 所示(单位：mm)。拐角边都有导滑面时，需要 $W\geqslant 35$mm、ϕ50mm 的刀具方可加工完成。

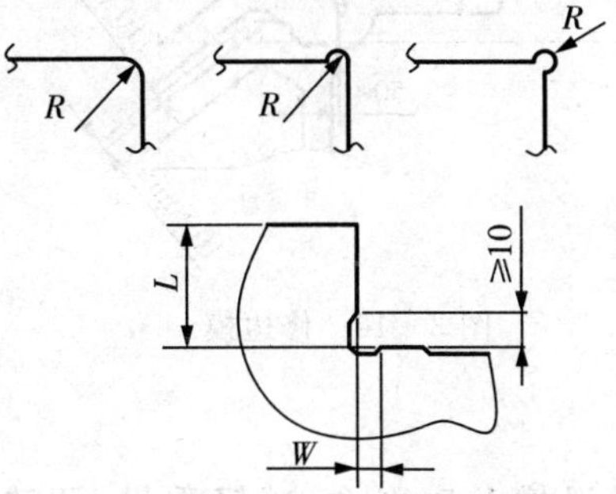

图 3－11　转角 R 的设置

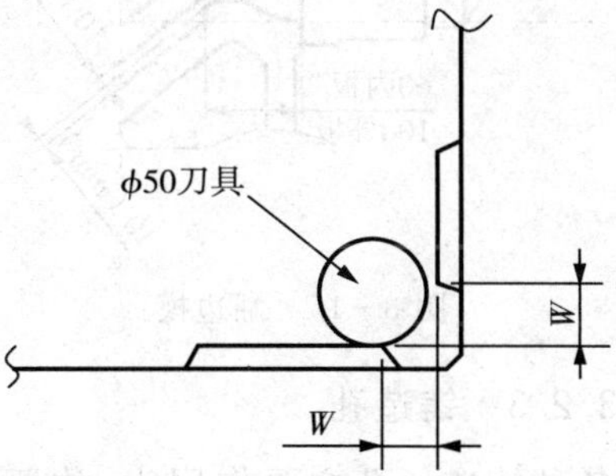

图 3－12　L 型导向凸台面的设置

(6)侧面槽的设置如图 3－13 所示(单位：mm)。

(7)工作部分之外避空，以减少加工量，如图 3－14 所示(单位：mm)。

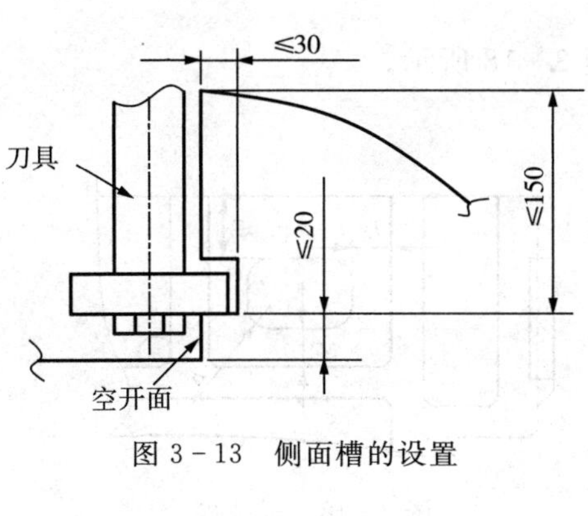

图 3－13　侧面槽的设置

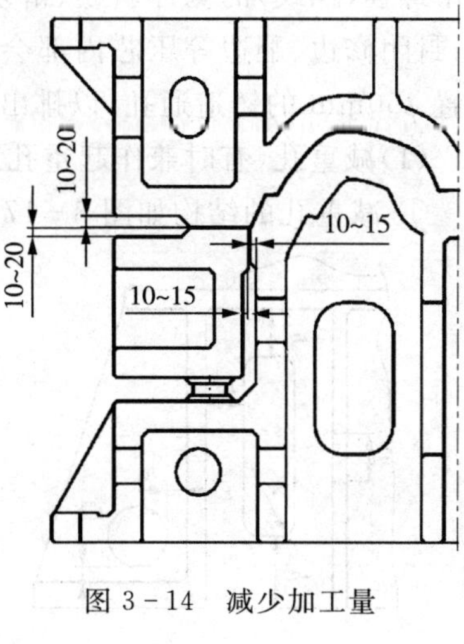

图 3－14　减少加工量

(8)在不影响制件质量的条件下，工作部分局部让开，以减少加工量，如图 3－15、图 3－16 所示(单位：mm)。

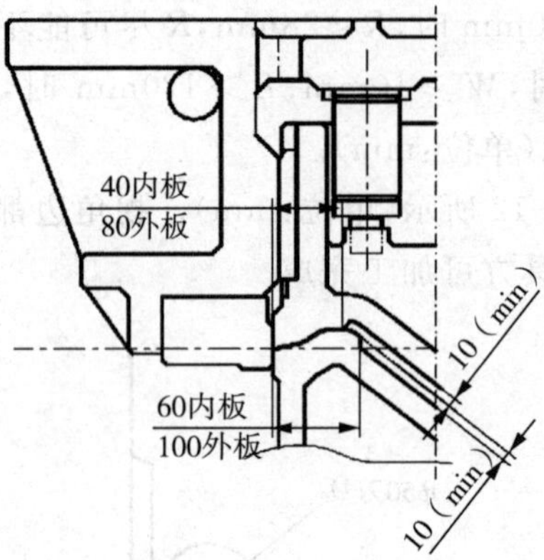

图 3－15　翻边模

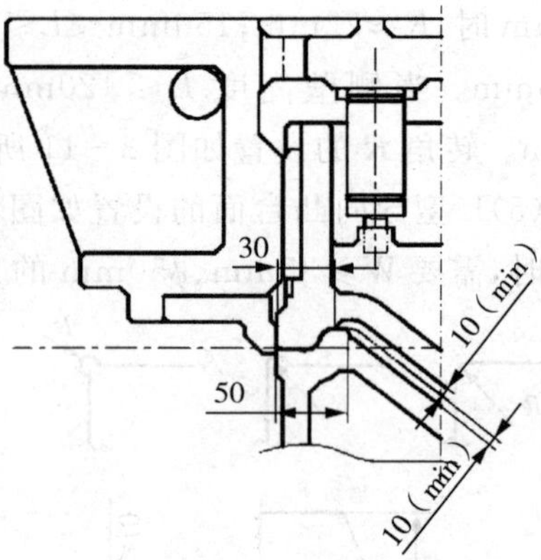

图 3－16　修边模

3.2.3　铸造孔

各种铸造通孔主要作用为：放置废料滑槽及废料盒；减轻重量；调整导向部分；配管；躲避工序件形状；调整确定缓冲装置及压料板内弹簧等；拉延凸模、压料板、侧冲滑块等铸件的起吊和装夹；漏水、排气等。模具清洗时，在模具不翻转的情况下，应能保证清洗液排出(特别是侧冲部件等)；未设置起吊螺栓(螺纹)的侧冲斜楔、滑块、压料板等铸件上设置起吊用 ϕ50mm 通孔；封闭修边、翻边等压芯内部会聚集空气时，必须在压芯非符形面及侧面设置 ϕ50mm 的铸造通孔，以排出空气。

(1)减重孔(有时兼作起重孔)

① 减重孔的结构如图 3－17、图 3－18 所示。

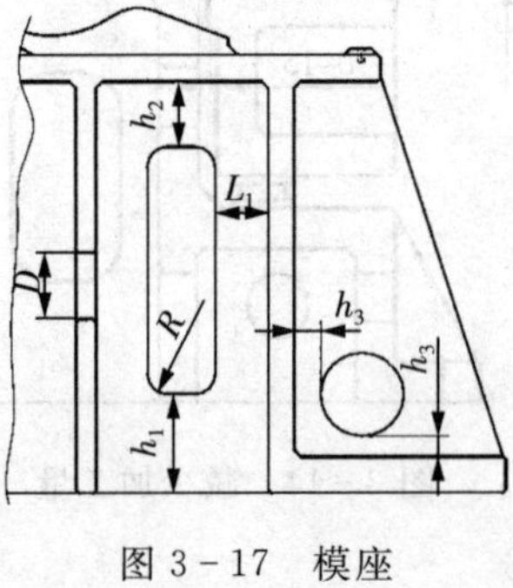

图 3－17　模座

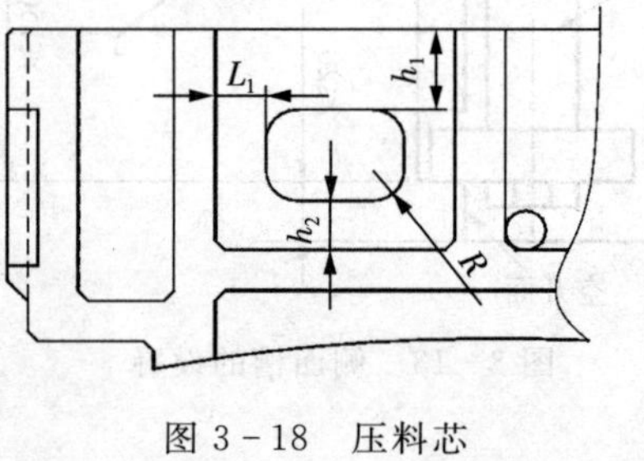

图 3－18　压料芯

② 减重孔尺寸(单位:mm):对于小圆孔,通孔 $A/B \leqslant 2$,$B_{min}=40$,盲孔 $A/B \leqslant 1.5$,$B_{min}=50$。参考尺寸如表 3-1、表 3-2 及图 3-17、图 3-18、图 3-19 所示。

表 3-1　模座减重孔尺寸

模座尺寸 L	h_1	h_2	h_3	L_1	R
<2200	120	40	30	40	≥30
≥2200	150	50	30	50	≥50

表 3-2　压料芯减重孔尺寸

压料芯尺寸 L	h_1	h_2	L_1	R
<1000	60	40	30	≥25
≥1000	80	50	40	≥30

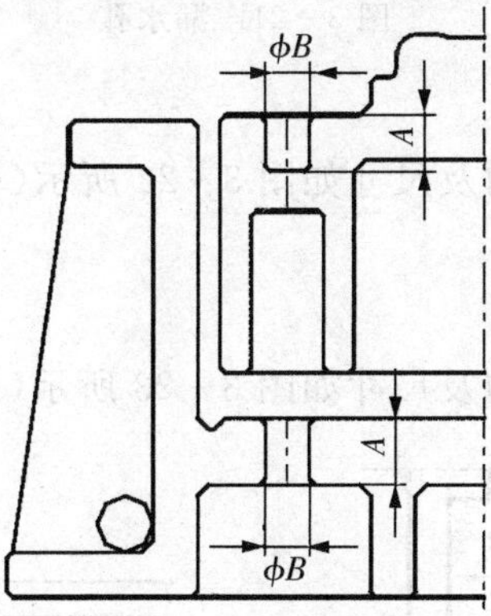

图 3-19　减重孔

(2)排屑孔

排屑孔的结构及尺寸(兼作确认内部零件底面装配位置的观察孔)如图 3-20 所示(单位:mm)。

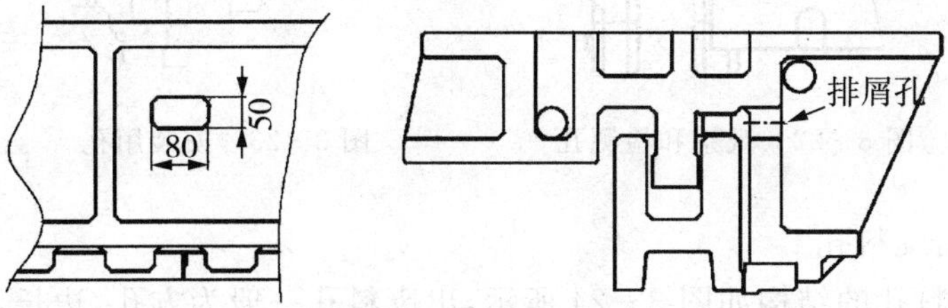

图 3-20　排屑孔

(3)漏水孔

漏水孔的结构及尺寸如图 3－21 所示(单位:mm)。

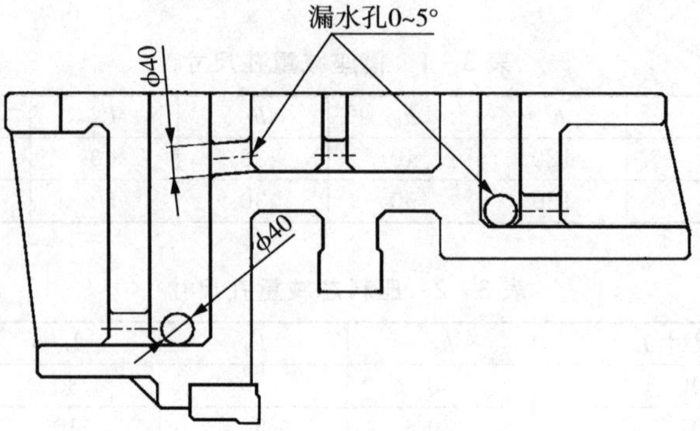

图 3－21　漏水孔

(4)观察和检测孔

观察和检测孔的结构及尺寸如图 3－22 所示(单位:mm),其中 L＝60～100mm;B＝40～50mm。

(5)安装用孔

安装零件用孔的结构及尺寸如图 3－23 所示(单位:mm)。

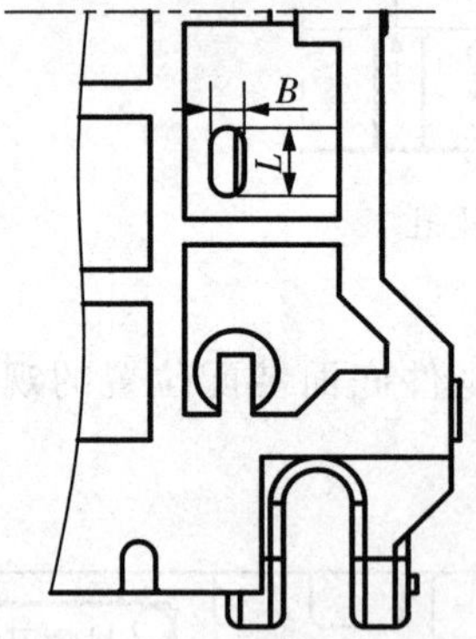

图 3－22　观察和检测孔

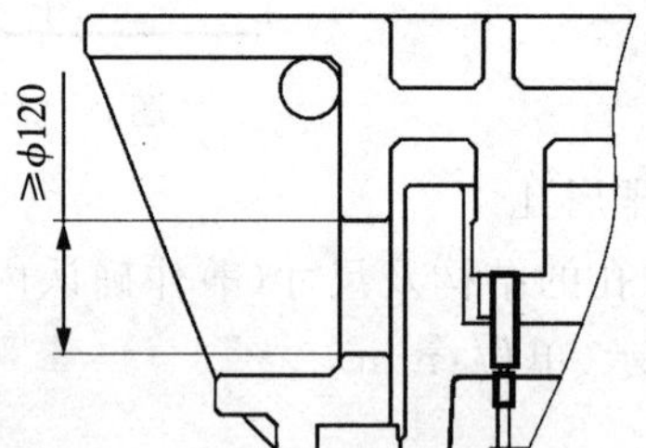

图 3－23　安装用孔

(6)出废料孔

出废料孔的结构如图 3－24 所示,出废料孔一般为方孔,边长≥40mm。

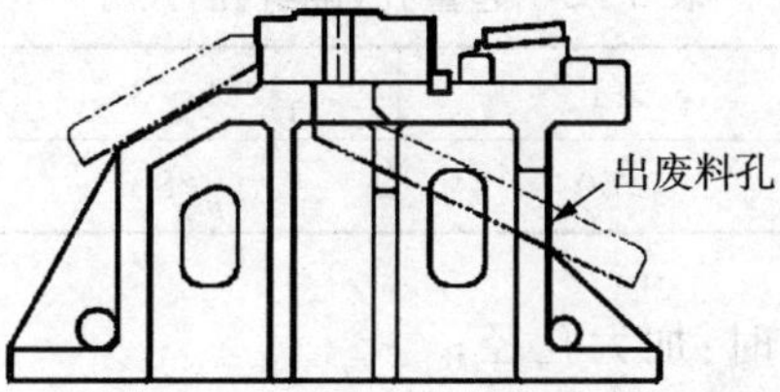

图 3-24　出废料孔

(7)装夹孔

对于顶件器、压料芯等零件因造型原因在加工过程中无法使用压板夹紧时，需要设置装夹孔，装夹孔位置按机加工或数控加工要求确定。装夹孔的结构及尺寸如图 3-25 所示(单位:mm)。

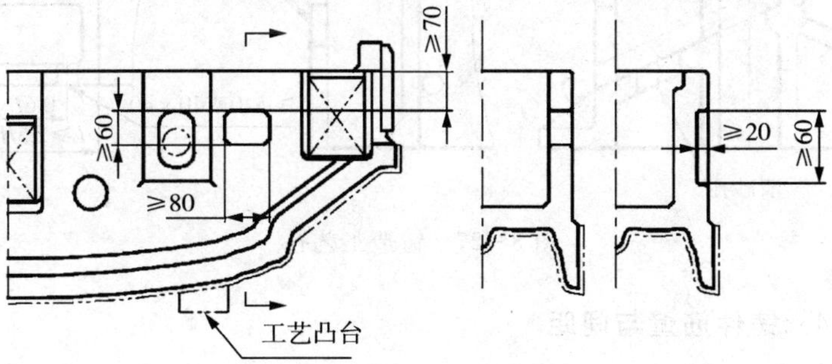

图 3-25　装夹孔

(8)起重孔

起重孔(翻身孔)的结构及尺寸如图 3-26 所示及表 3-3 所列。

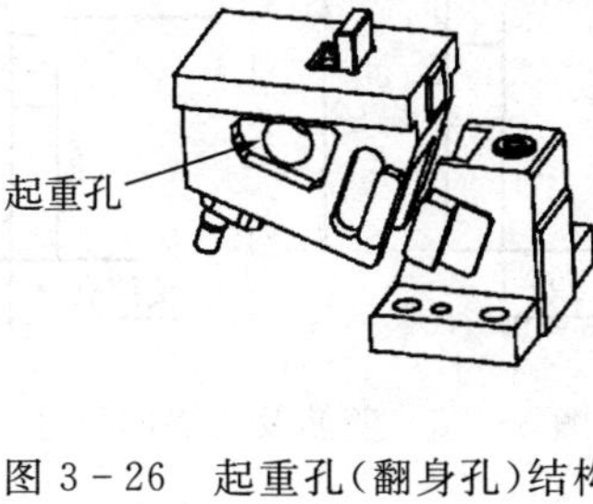

图 3-26　起重孔(翻身孔)结构

表 3－3　起重孔(翻身孔)尺寸

物重(t)	＞1	1～3	＞3
铸孔大小(mm)	≥60	≥80	≥100

① 孔间不可穿通时：加大孔径；

② 孔间可穿通孔时：大件为≥ϕ50mm，小件为≥ϕ40mm。

(9)铸造工艺孔

铸造工艺孔的结构及尺寸如图 3－27 所示(单位：mm)。横向空间比较深时，要设型芯支承孔。

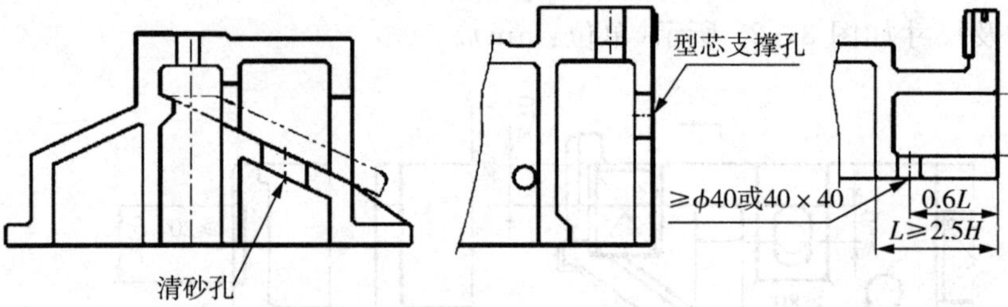

图 3－27　铸造工艺孔

3.2.4　铸件筋壁与间距

(1)壁筋及间隔的尺寸如图 3－28 所示及表 3－4 所列(单位：mm)。其中，$H_{max}=3A$ 或 $3B$，若 $H\geqslant 2.5A$ 或 $2.5B$，要设置型芯支撑孔。

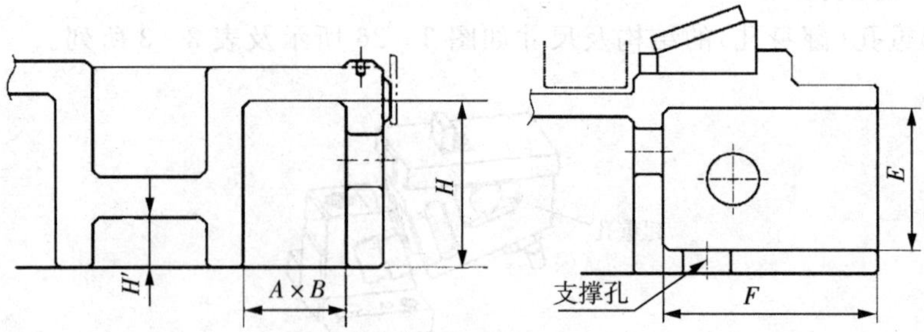

图 3－28　壁筋及间隔的尺寸

若满足不了表 3－4 要求时，要设置型芯支撑孔。

表 3－4　壁筋间隔的尺寸

E	F
＜100	$F=E$
100～200	$F=1.5E$
＞200	≤350

(2)加强筋交叉部位的形状如图 3－29 所示。

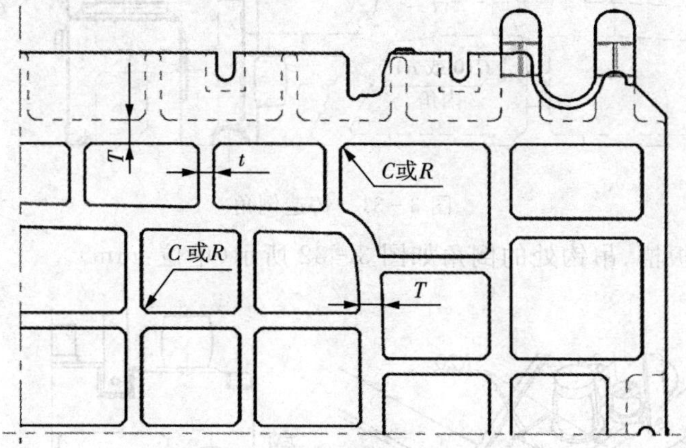

图 3－29　加强筋形状

3.2.5　铸造倒角

(1)在上下底面、凸缘部分设置铸造倒角，如图 3－30 所示(单位：mm)。

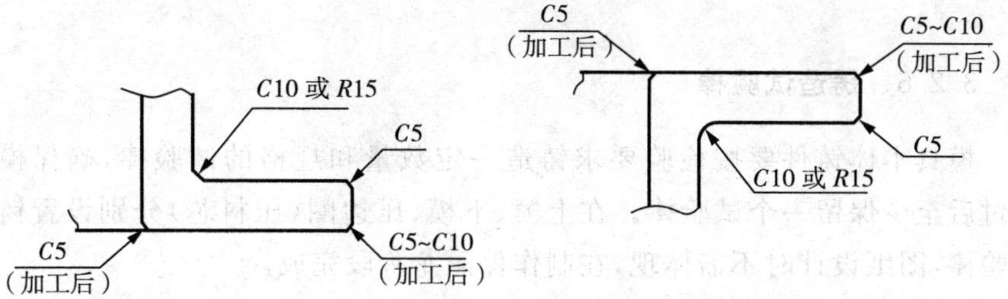

图 3－30　上下底面的倒角

(2)在筋交叉部位、筋的端头、铸造孔处设置铸造倒角，如图 3－31 所示(单位：mm)。

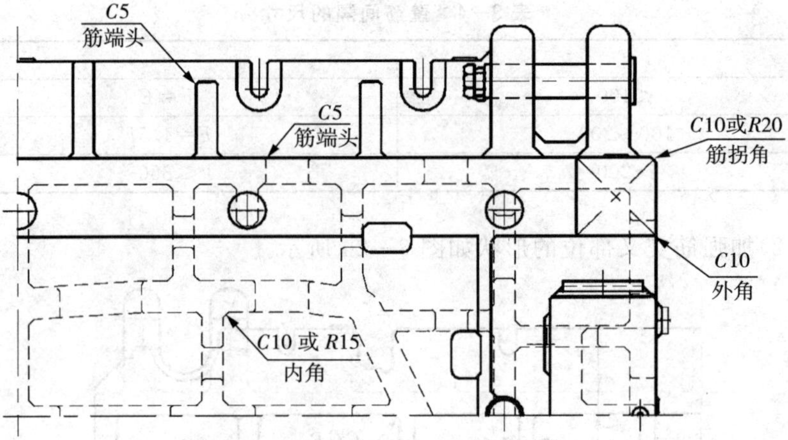

图 3-31　铸造倒角

(3)压板槽、吊钩处的倒角如图 3-32 所示(单位:mm)。

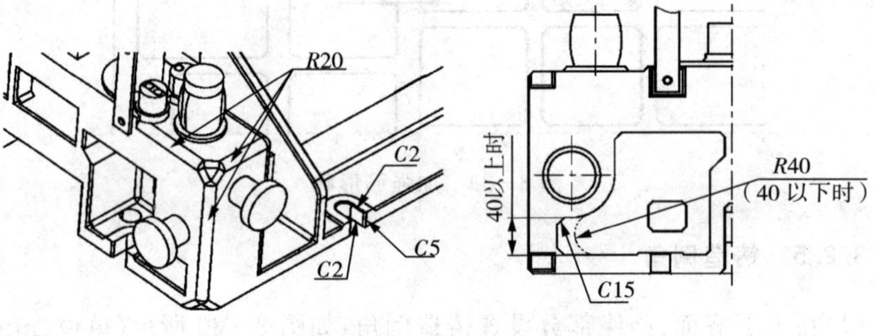

图 3-32　压板槽、吊钩的倒角

3.2.6　铸造试验棒

模具本体铸件要按检验要求铸造一定数量和规格的试验棒,确保模具交付后至少保留一个试验棒。在上模、下模、压边圈(压料芯)分别设置铸造实验棒,图纸设计时不需体现,在制作保丽龙阶段完成。

3.2.7　典型模具铸件的筋厚标准及结构式样

(1)拉延模

单动拉延模的结构及尺寸,如图表 3-5 和图 3-33 所示(单位:mm)。

材质如为铸钢，壁厚可减薄 5mm；拉延模上模座、凸模和下模座沿凸模轮廓线一圈的筋要随型；凸模和下模座的筋要对齐，以承受压力机的压力。

表 3-5　单动拉延模结构尺寸

模具长边尺寸	加强筋的间隔(max)	*A*	*B*	*C*	*D*	*E*	*F*
<1500	300	45	40	30	50	40	40
1500～3000	350	50	50	35	50	40	40
>3000	350	60	50	40	50	50	45

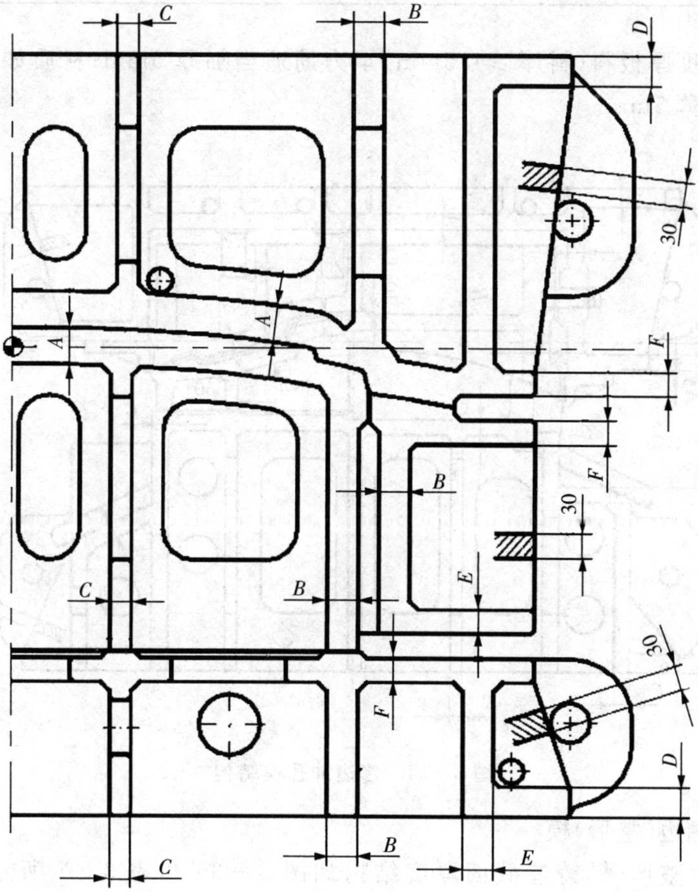

图 3-33　单动拉延模结构

(2)修边冲孔模

修边冲孔模铸造截面厚度结构及截面尺寸如表 3－6 所列和图 3－34 所示(单位:mm)。

表 3－6　修边冲孔模结构尺寸

模具长边尺寸	加强筋的间隔(max)	A	B	C	D	E	F	G	H
＜1500	300	40	40	30	50	40	40	30	30
1500～3000	350	40	45	30	50	45	40	40	40
＞3000	350	45	50	35	50	50	45	40	40

高强度厚板料(料厚≥1.5mm)承力筋适当加厚 5mm;材质如为铸钢,壁厚可减薄 5mm。

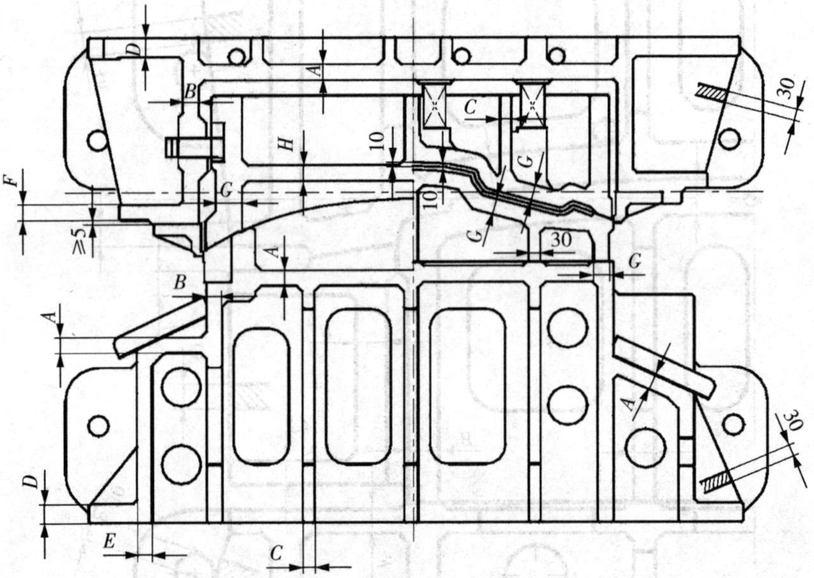

图 3－34　修边冲孔模结构

(3)翻边(整形)模

翻边(整形)模铸造截面厚度结构如图 3－35 和表 3－7 所示(单位:mm)。

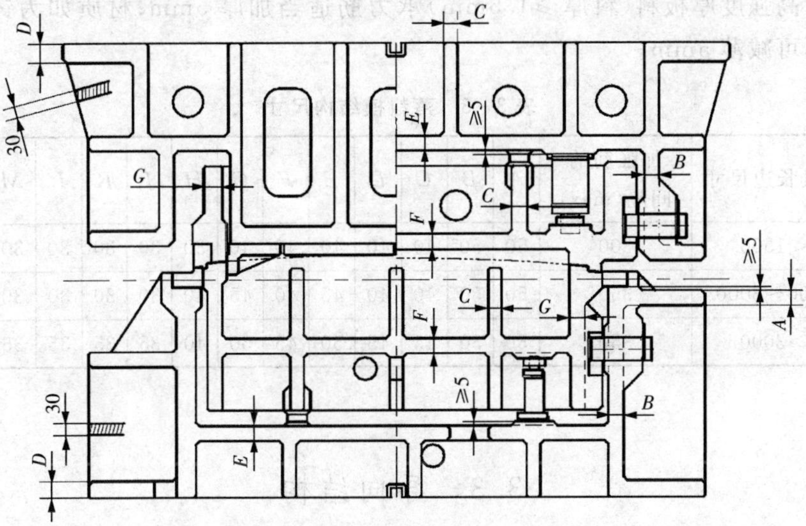

图 3-35　翻边(整形)模结构

表 3-7　翻边(整形)模结构尺寸

模具长边尺寸	加强筋的间隔(max)	A	B	C	D	E	F	G
＜1500	300	40	40	30	50	40	35	35
1500～3000	350	40	45	35	50	40	40	40
＞3000	350	50	50	40	50	50	40	40

(4)落料模

落料模铸造截面厚度结构如图 3-36 和表 3-8 所示(单位:mm)。

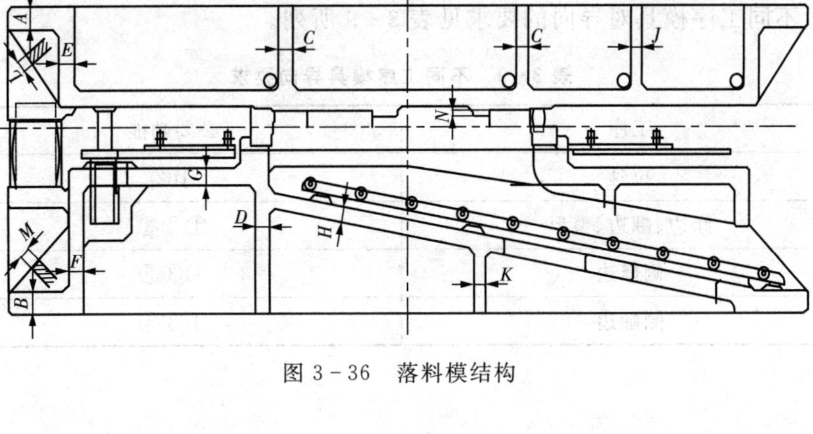

图 3-36　落料模结构

高强度厚板料(料厚≥1.5mm)承力筋适当加厚 5mm;材质如为铸钢,壁厚可减薄 5mm。

表 3-8 落料模结构尺寸

模具长边尺寸	加强筋的间隔(max)	*A*	*B*	*C*	*D*	*E*	*F*	*G*	*H*	*J*	*K*	*L*	*M*	*N*
<1500	300	50	50	40	40	40	40	40	30	30	30	30	30	30
1500～3000	350	50	50	40	40	45	40	45	40	30	30	30	30	30
>3000	350	50	50	45	45	50	45	50	40	35	35	35	35	35

3.3 导向结构

3.3.1 模具导向的作用

模具导向的作用有如下几个方面:

① 模具装配、分解、保管时,为上下模进行导向;

② 动作时,平衡侧向力;

③ 动作前后保证刃口间隙、防止刃口干涉;

④ 防止侧冲零件的碰撞及平衡侧向力;

⑤ 在各侧冲零件没有挡块的情况下,防止发生碰撞及平衡侧向载荷。

不同工序模具对导向的要求见表 3-9 所列。

表 3-9 不同工序模具导向要求

工序	必要功能
拉延	①②
修边、翻边、整形	①②③
侧修边	①③⑤
侧翻边	①③④

3.3.2　导向种类及导向零件的选择

(1)导向零件的选择见表 3－10 所列。

表 3－10　导向零件的选择

导向分类	适用范围	适用模具类型	成　本
导柱	模具基本导向、侧向力较小的冲孔模	侧向力较小的拉延、修边、冲孔、成形模	中
导滑腿	侧冲模、拉延模等侧向力大的模具	侧向力大的拉延模、双动侧冲模、成形模	高
导滑板	产量低的模具、导向空间小的成形模	有侧向力的单动拉延模、小件成形模	低
导滑腿＋导柱	修边冲孔、翻边整形复合工序的模具	侧向力大的修边冲孔模、尺寸较大的模具	高

(2)导向形式的选择见表 3－11 所列。

表 3－11　导向形式的选择

模具种类/尺寸	800mm 以下		800～1200mm		1200mm 以上
拉延模	导板	导滑腿	导滑腿		导滑腿
翻边模 整形模	导板	导滑腿	导滑腿		导滑腿
修边模 冲孔模	导柱		导柱	导滑腿与导柱	导滑腿与导柱
落料模	导柱		导柱		导柱

① 选择条件如下：

● 模具前后方向尺寸在 1200mm 以上时，对于使用导滑腿的模具，优先使用角部导滑腿结构。

● 模具前后方向尺寸在 1200mm 以上时，对于导滑腿和导柱并用的模具，必须设置 4 个导柱。

● 模具前后方向尺寸在 700mm 以内时，对于导滑腿和导柱并用的模具,可以使用两个导柱。

● 单侧存在侧向力的模具:在侧向力较小的情况下,选用导滑腿导向的形式平衡侧向力;在侧向力较大的情况,选用导滑腿导向加防侧导板平衡侧向力。

● 含修冲内容的翻边整形模具或含切角的拉延模必须使用导柱。

② 上下模导向设置还需要注意以下几点:

● 模具安装时,上模存在装反的情况。因此,导向(导板、导柱)的安装位置采取不对称的形式,通常模具 F 向右侧前后方向导腿各缩短 10mm。

● 导向部分不能与工件取放发生干涉。带传送装置的模具,不能与工件取放及传送支架等发生干涉。

● 原则上,导柱安装在下模。由于取放工件发生干涉或其他原因而不能安装在下模时,在保证操作者的安全性、操作性没有问题的情况下,也可安装在上模。

● 当模具在闭合状态时,如有导柱导向的,需保证导柱全部导入导套(如图 3-37所示);当模具在存放状态时,需保证导向部位有至少 40mm 的啮合量,同时保证模具内的弹性元件不受力。

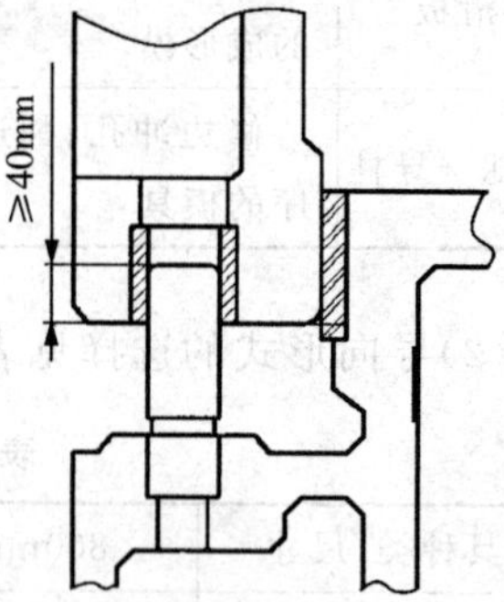

图 3-37 导柱导套导向

● 在模具上下模开始接触时,若存在以下情况,导向件应啮合 30mm 以上:压料板与工序件开始接触;侧冲斜楔与滑块开始接触;侧冲斜楔与滑块开始承载侧向力;工件定位装置开始进入上模躲避处(防止导正装置损坏)。

3.4 起吊、翻转装置

3.4.1 起吊、翻转装置的分类

起吊、翻转装置的分类及用途见表 3-12 所列。

表 3－12　起吊、翻转装置的分类

种类		适用	用途	
			搬运	翻转
吊棒	插入式吊棒	上模座、下模座、拉延模凹模、凸模、压边圈	√	√
	铸入式吊棒	上模座、下模座、拉延模凹模、凸模、压边圈	√	√
铸入螺纹衬套		压料芯、侧冲滑块、侧冲斜楔、侧冲压料芯等不能安装吊棒的零件； 上模座、下模座		√
翻转用衬套		上模座、下模座、拉延模凹模、凸模、压边圈	√	
起吊用起重螺钉		15kg 以下不能安装吊棒及铸入螺纹衬套的铸件，15kg 以上钢件	√	√
翻转用起吊螺钉		压料芯等不能使用铸入螺纹衬套的零件	√	√
运输用铸造通孔		15kg 以上不能安装吊棒及铸入螺纹衬套的铸件、钢件等		√

3.4.2　吊棒、吊耳的设置

(1)起重吊棒的选择原则

① 模具的重量取上、下模总重量。

② 模具设 4 处起吊，搬运时是 4 处吊棒受力。在模具翻身或将模具立着吊上机床加工时，则是两处吊棒受力。选择吊棒时，要考虑搬运和翻身两种情况。

③ 对个别模具零件(如单动拉延模的压料圈)上的吊棒，根据其使用状况，只按它本身的重量考虑搬运和翻身两种条件进行选择。

④ 铸造吊耳要考虑翻身的操作性，原则上设在长边侧。

(2)起重吊棒的设置

① 原则上设置4个，装于相对的两个侧面。

② 考虑到翻身时的操作性及方便模具使用，在长方形的短边侧安装吊棒。

③ 在模具太长、搬运不稳定的情况下($L_1/L_2 \geqslant 2.5$ 时)，在长边侧安装吊棒，如图3-38所示。

④ 上模(或下模)部分重量在10t以上(原则上4t以上，采用吊耳)。

⑤ 上、下模的吊棒都设在同一侧面靠近角部，上模座在高度方向靠上底面，下模座的靠下底面，单个零件的靠近工作面。

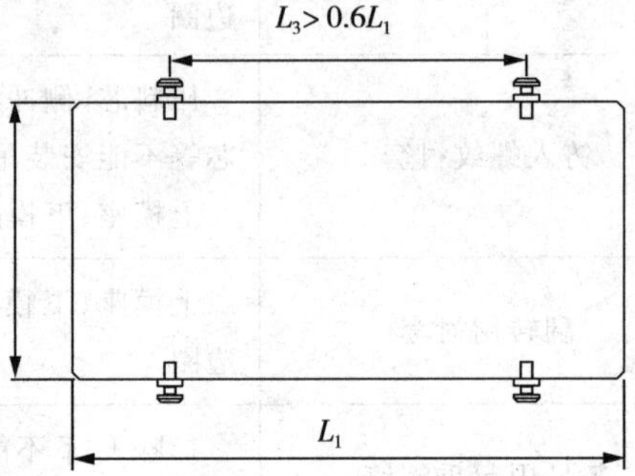

图3-38 长边侧安装吊棒

⑥上、下模座的吊棒还要考虑合模吊运时钢丝绳吊挂是否合适，必要时可在结构上增加辅助臂。

⑦ 吊棒的位置选择要考虑重量的平衡，可在制作保丽龙时试吊，不合适可做适当修改。

3.4.3 铸入式螺栓

模具的上模、下模、压料芯，自制的斜楔驱动块、滑动块以及较大的镶块都要设计铸入式螺栓，作为起吊或翻转用，应避免在铸件上直接攻制螺纹以做起吊、翻转用。

铸入式螺栓选择原则如下：

(1)对于压料芯、托料芯或大型镶块，起吊用铸入式螺栓要求有四个，均匀分布在铸件重心四周，以保证起吊的平稳性。

(2)铸入螺栓作为上、下模或压料芯翻转用时，要求铸件沿较短的一边翻转，且要保证螺栓到重心有一定距离，能较方便地翻转。

(3)起吊或翻转用铸入式螺栓，一般要求在高度方向上一致，特殊情况下落差控制在100mm以内。

(4)铸入螺栓要高出沉入面 5mm 左右,并且保证与相关实体或板件不干涉,同规格的吊环能拧入。

(5)当模具是插入式吊耳结构时,不设计翻转用螺栓。

(6)当模具是铸入式吊耳结构,若上、下模的长度≤1500mm 时,可不设计翻转用铸入式螺栓,而直接采用吊耳翻转;若长度>1500mm 时,必须在模具两侧设计铸入式螺栓以作翻转用。

3.4.4　起吊螺孔

内部零件(如顶出器、压料芯、拉延凸模等)的侧面如果不能安装吊钩,为了起吊和翻转,要在零件上攻制螺纹孔,使用时旋上吊环螺栓或起吊螺钉,即可对零件进行吊装。

起吊螺孔的大小按零件的重量选择,设置在适当的位置以保证起吊时重量平衡。对大件设 4 个,对小件(包括 15kg 以上的镶块等零件)设 1~4 个,同一套模具中的螺孔要大小一致。起吊螺孔设置在非工作面上(或工作面的让开部分上),对大的零件要按吊环螺栓的要求设置螺栓座和制孔。常用的起吊螺孔规格为:M12×40、M16×40、M20×40、M24×50 等。

3.4.5　起吊孔

(1)起吊孔的设置

考虑到零件的搬运与翻转,在零件侧面制出起吊(光)孔。起吊孔设置 4 处,其直径 d 与设置位置关系如图 3－39 所示(单位:mm)。

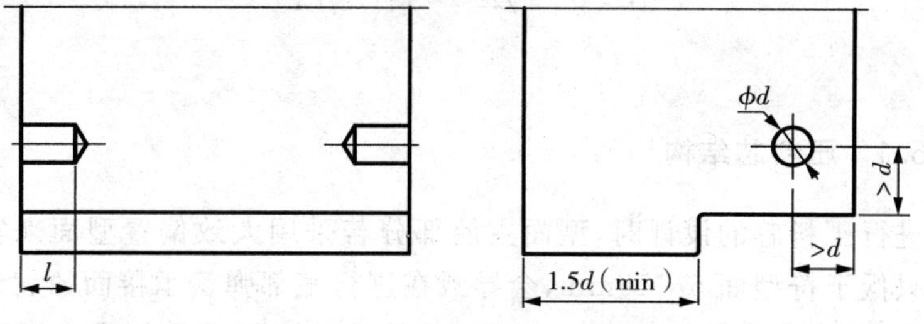

图 3－39　起吊孔的设置

(2)起吊孔的尺寸如图 3－40(单位:mm)和表 3－13 所示。

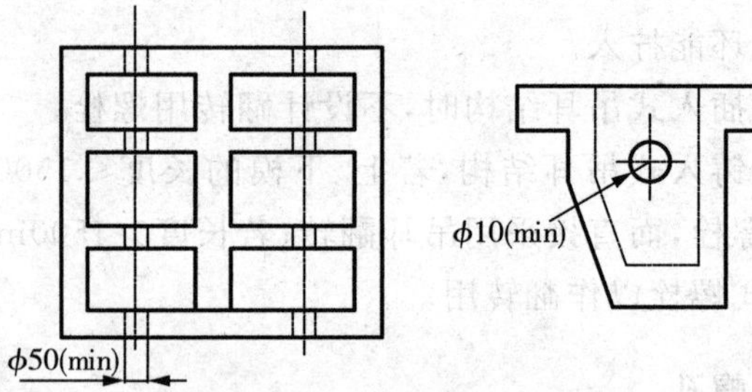

图 3-40　起吊孔结构

表 3-13　起吊孔尺寸

d_{min} (mm)	l_{min} (mm)	可吊重量按两个计算(t)	d_{min} (mm)	l_{min} (mm)	可吊重量按两个计算(t)
13	30	0.25	31	60	4.00
16	40	0.50	41	70	8.00
21	50	1.00	51	80	14.00
26	60	2.00	61	100	20.00

3.5　压　料　芯

3.5.1　压料芯结构

在进行压料芯的设计时，型面主筋部分若采用大致偏置型面来实现，而且要求只低于符型面 5～10mm，会导致在进行底部弹簧承接面的设计时，为保证承接强度，承接柱要延伸到型面，这样就增加了模具的成本，同时加大了设计的工作量。因此在设计压料芯时，不采用大致偏置型面来区分型面和非加工面，压料芯上采用平板结构来区分型面和非加工面，弹簧承接面延伸 10mm，如图 3-41 所示。

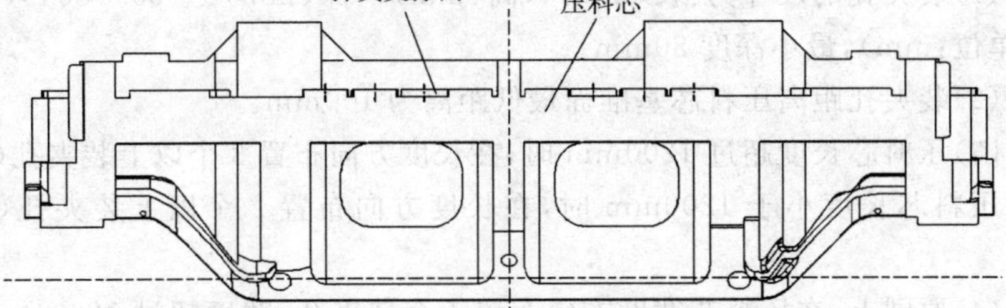

图 3-41　压料芯结构优化

3.5.2　工艺基准台

大型模具压料芯侧销处常会突出较高的凸台。在铸造时，以侧销突出的凸台作为基准来放置保丽龙填沙，由于侧销受结构影响分布不均，导致压料芯某些区域在重力作用下发生自然变形，严重时会导致型面缺量，从而影响铸件质量。在铸件加工时也会出现类似的情况。为使压料芯整体受力的均布，增加工艺基准台，消除型面部分因较大区域无基准台支撑悬空而导致变形，如图 3-42 所示。

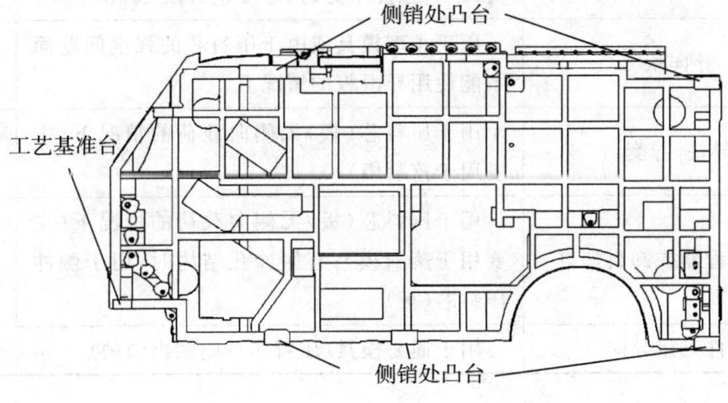

图 3-42　压料芯工艺基准台

3.5.3　装夹孔

为方便机械加工，压料芯在设计时需增加装夹孔，要求如下：

(1)装夹孔的尺寸为:长(min)×高(min)×深(min)=(60～80)×50×30(单位:mm),最小深度 30mm。

(2)装夹孔距离压料芯基准面最低距离为 100mm。

(3)压料芯长度超过 1200mm 时,在长度方向布置 3 个以上装夹孔(含 3 个);压料芯长度小于 1200mm 时,在长度方向布置 2 个以上装夹孔(含 2 个)。

(4)原则上,在压料芯宽度方向布置 1 个装夹孔,宽度超过 1200mm 时,布置 2 个。

(5)对于细长件的压料芯,当设计装夹孔困难时,可不设计,由自制夹具夹紧。

3.5.4 导向方式

压料芯导板导向方式的选择原则见表 3－14 所列。

表 3－14 压料芯导板导向方式的选择顺序

导向方式	适用条件	优先顺序
自润导滑板	导滑板厚度基本取 20mm;适用于所有模具;压料强度不好时,厚度也可取 10mm	1
导向块	用于小型模具或由于压料芯的强度问题而不能使用导滑板的情况下	2
导柱、导套	用于压料芯(板)无侧向载荷的情况下(主要用于落料模)	3
套管限程器或卸料螺钉	用于压料芯(板)无侧向载荷的情况下(主要用于落料模);有侧冲孔结构时,用于侧冲压料芯(板)	4
铸件直接导向	用于简易模具(压料芯一侧制出油槽)	5

(1)导板导向结构

① 导板的设置如图 3－43 所示。其中,L 为压料芯长度,l 为导板间距,W_1、W_2 为各处导板宽度,满足 $l/L \geqslant 0.6$。

② 导板设置的数量:压料芯前后左右四个方向都应设置导板。根据压料芯长、宽、大、小和外形形状,于每个方向分别设 1～3 块,做到对称布置、成

对使用。

③ 导板总宽度($W_1+W_2+\cdots+W_n$)约为压料芯轮廓周长的 20% 以上,使 $W_1=W_2=\cdots=W_n$。

④ 导板导向的导向精度和抗侧向力综合性能好,适用于模具在工作过程中压料芯要承受侧向力且压料芯上没有安装冲裁凸凹模刃口镶块的场合。

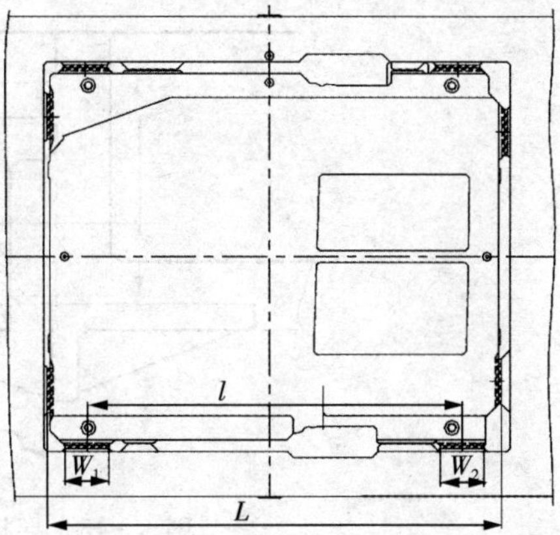

图 3-43　导板的设置

⑤ 原则上,导板的滑动面必须与模具中心线平行,如图 3-44 所示(单位:mm),其中导板的滑动面最少应比凹模轮廓向内小 5mm 以上。

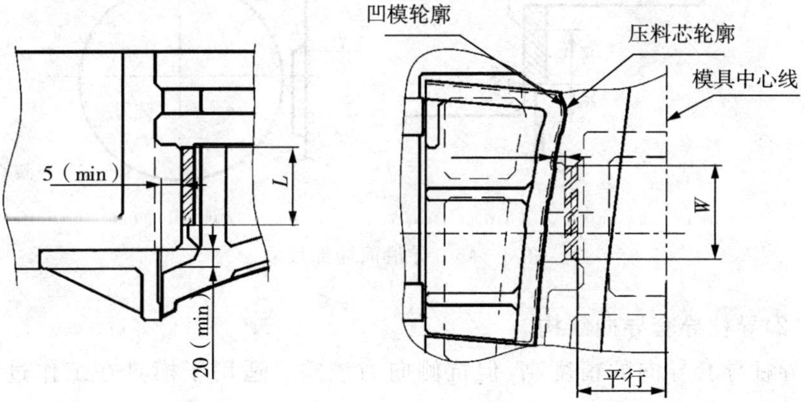

图 3-44　导板滑动面平行模具中心

⑥导板长度(L)根据以下要求决定,如图 3-45 所示,当压料芯接触制件时,导板与凹模导向面的啮合长度(即工作开始时的导向量)L_1 应为导板长度 L 的 60%以上,即 $L_1>0.6L$(啮合长度≥30mm)。

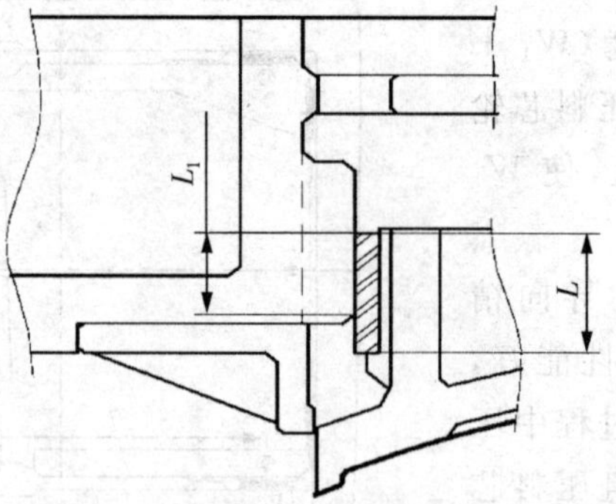

图 3-45　导板长度

为防止模具本体的导滑面加工不到位，应满足下面尺寸，如图 3-46 所示（单位：mm）。

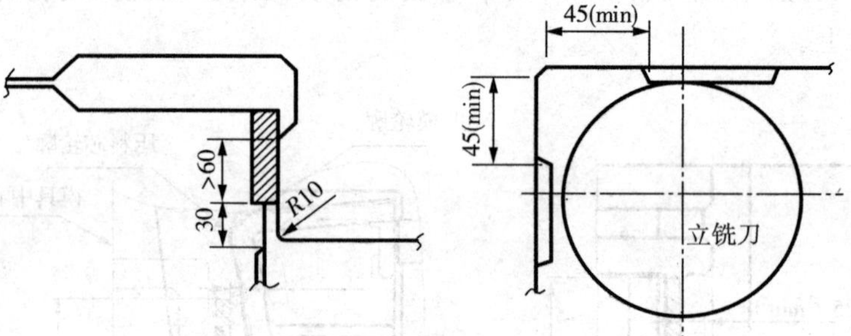

图 3-46　导滑面局部尺寸

（2）导柱导套导向结构

导柱导套导向的精度高，但抗侧向力较差。适用于模具在工作过程中不承受侧向力或承受较小侧向力的场合。该导向方式广泛应用于落料冲孔模中，原则上导柱固定在上模座，导套固定在压料芯（板）。

① 使用条件

压料芯（板）的全高（H）与导套的底部安装位置（h）之比为 $h/H \geqslant 0.6$。h 与 h_1 取一致（h_1 为另一种导套的结构形式）。

压料芯（板）压料面角度（θ）向一方倾斜时，要求 θ（平衡侧向力）$\leqslant 10°$。

② 导柱的直径及数目

● 导柱直径(d)及数目根据压料芯(板)长度(L)和宽度(W)确定，原则上根据 $d=W/20$ 计算选择最接近的导柱直径，但导柱直径应大于 ϕ40mm。

● 当 $L/W<5$ 时，导柱取 2 根；当 $L/W\geqslant 5$ 时，导柱选 4 根。

(3)导板＋导柱导套复合导向结构

导板＋导柱导套复合导向的精度高，抗侧向力好，适用于模具在工作过程中要承受侧向力且压料芯上安装冲裁凸凹模刃口镶块的场合。该导向方式使用较少。

3.5.5 压料芯限位方式

限位形式选择顺序为：侧销→卸料螺钉→压板。

(1)侧销

侧销用于防止压料芯脱落及限定压料芯的行程。侧销一般配置在制件长度方向(而且配置在模具的前后方)；工作侧销 4 件，安全侧销 2 件。也可根据压料芯重量及工作情况适当增加；两件安全侧销应对角布置，加大间距。

① 设定基准

● 侧销安装位置考虑可操作性，优先按设计说明书。串联、全自动生产线模具：送料方向的前后侧，特殊情况可以放在送料方向的左右侧。多工位生产线模具：送料方向的左右侧。

● 侧销安装在与模具中心线平行且装卸容易的位置，模座加工面与压料芯加工间隙取 5mm。

● 侧销应在压料芯上均匀布置，一般一套模具 4 个工作侧销，2 个安全侧销，根据压料芯重量及锁定时载荷适当增加数量，侧销设置在对角的均衡位置上，安全侧销与相邻的工作侧销最小间距见表 3－15 所列(单位：mm)。

表 3－15　侧销间距

侧销直径	ϕ30	ϕ40	ϕ50	ϕ60	ϕ70
最小中心间距	70	90	110	120	135

● 使用安全侧销时，应考虑止动部位的最小壁厚是否安全(最小壁厚≥30mm)，安全行程＝工作行程＋20mm。

● 安全侧销与工作侧销在模具内的安装高度一致。

● 侧销安装后头部不能伸出模具之外，必须距模具边缘 10mm 以上。

● 压料芯止动部位应有 5mm 直线段，因为当压料芯止动部位加工成 R 产生误差时，各部位不能均匀接触，侧销受载荷不均匀，会发生破损。

● 铸造时，由于填砂不足，涂层脱落，易造成局部变形、烧结黏砂。因此，铸造凸台应有锥度(取 30°)，采取锥形结构。

② 二级侧销的使用和设计标准

● 所有类型的模具，当压料芯(上、下压料芯)的弹性元件采用氮气弹簧时，压料芯都不设计和使用二级侧销。

● 修边冲孔类模具，一般都要求设计二级侧销，当有斜楔结构时不用。

● 翻边整形类模具，一般都要求设计二级侧销，当有斜楔结构时不用。

③ 侧销孔凸台单侧距立筋间距

侧销孔凸台单侧距立筋间距要求在 110mm 以上。因为盘铣刀横向加工，开始加工时必须有足够的进刀空间。

(2)安全、卸料(工作)螺钉

① 卸料螺钉结构(螺钉类型及结构方式)

卸料(工作)螺钉可用于限程，兼作导向(导向间隙双面 0.2～0.3mm)，其中，用作限程时只可用于限定侧冲压料板行程。

套管限程用作限程，兼作导向。套管及卸料螺钉详细尺寸参考标准件手册。

② 设定方法

一般工作螺钉 4 个，安全螺钉 2 个，根据压料板重量及冲击载荷适当增加工作螺钉数量，大中型模具及使用氮气弹簧时侧销优先。

布置间隔均匀，落料模等压料板细长的情况下，交错布置。

(3)压板

压板结构如图 3－47 所示(单位：mm)，平面配置方法与侧销相同。工作用压板采用 4 件，安全用压板采用 2 件。根据不同结构类型也可在压料芯内部设置。

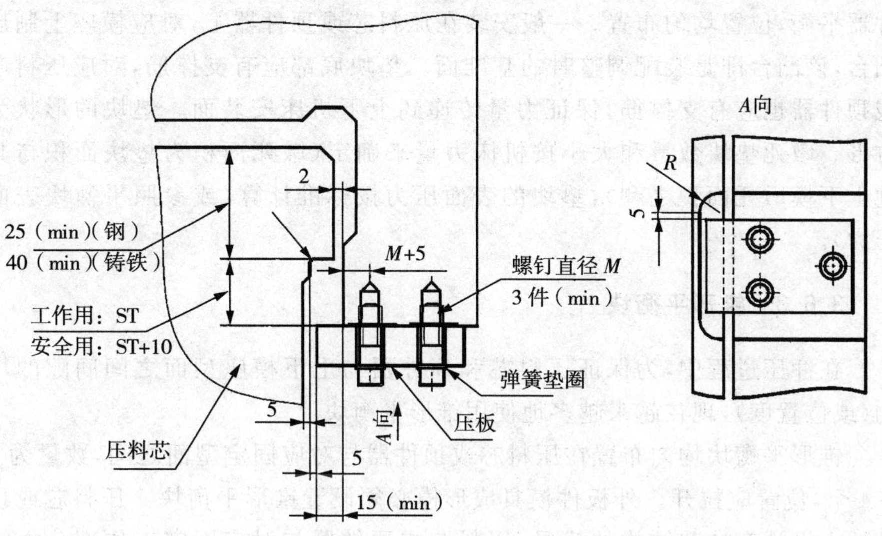

图 3-47　压板

3.6　模具限位

3.6.1　平衡块

平衡块是指用于拉延模的一种专用“限位块”。平衡块在压边圈和模座对应位置应有支撑筋，间距为 300～350mm。平衡块的数量和大小按估算的压料力来确定，表面压力通常取 1.5kgf/mm^2，最大为 2.0kgf/mm^2，形状为圆形或方形。平衡块下加 5mm 厚垫片。

3.6.2　垫块

(1)拉延模用垫块

垫块在模座底部应有支撑筋，对应压边圈也应有支撑筋，保证力量传递到上下机床安装面。为保证平衡，拉延模用垫块的位置均匀布置，形状为圆形。

(2)翻边、整形模顶件器用垫块

垫块应在成形部分上面，以保证成形部分压力传递及整个压料芯或顶件器平衡，位置均匀布置。一般安装在压料芯或顶件器上，对应模座上制出凸台，该凸台即是装配调整时的基准面。垫块底部应有支撑筋，对应压料芯或顶件器也应有支撑筋，保证力量传递到上下机床安装面。垫块的形状为方形。墩死垫块数量和大小按机床力量来确定（墩死面积为垫块面积与其他上下模墩死面积之和），垫块的表面压力按标准计算（或参照平衡块表面压力）。

3.6.3 锥形平衡块

在冲压过程中，为保证压料芯和顶件器与上下模座型面之间间隙的均匀（或位置度），现在越来越多地使用锥形平衡块。

锥形平衡块均匀布置在压料芯或顶件器与对应固定型面之间，数量为2～4个，位置应拉开。外板件模具成形模必须设置锥形平衡块。压料芯或顶件器上设计有冲裁结构的模具，压料芯或顶件器与对应固定工作部分之间必须设置锥形平衡块。压料芯或顶件器的压料力很大时，可额外增加平垫块以平衡力量。

3.6.4 行程限制器

一般情况下，行程限制器高度统一为60mm。拉延模行程限制器设置在上下模座之间。限制器大小按模具大小进行选择。限制器布置应远离操作区，安装在操作者能看见的位置，限制器设置在导向装置侧面，同时起吊时不与起吊绳擦剐。限制器所处的上、下模座部分应设直径等大的座或立筋，把冲压力传递到机床上。

3.7 弹性元件

弹性元件为可移动部件提供力源，具有缓冲、存放（氮气弹簧、聚氨酯等）的作用。压料用弹簧的使用数目根据计算的力确定。选择的弹簧使用次数要大于等于技术协议规定的模具使用次数。普通弹簧、聚氨酯小于等于使用次数下的最大压缩量；氮气弹簧小于最大压缩量的90%。

用于压料芯时，基本上沿修边（冲孔）线、翻边线、整形线均匀布置，并且接近修边(冲孔)线、翻边线、整形线和符型区。需要强压的部位(如顶盖天窗处翻边)要集中布置,布置时还要考虑整个压料芯的平衡。用于存放时,分布在模具的四个角上均匀地承载上模重量,受上模的压力,避免起吊、翻转时和钢丝绳干涉(采用埋入式安装)。

(1)压料芯中弹性元件的选择

压料芯中弹性元件选取顺序为:强力弹簧→氮气弹簧→聚氨酯弹簧。强力弹簧、聚氨酯弹簧和氮气弹簧之间的比较见表 3-16 所列,表中 A 为优良,B 为普通,C 为略差,D 为差。选择弹性元件参数的依据是计算出的压料芯行程和压料力(考虑到压料芯的安装作业性时,弹簧可以不考虑预压量)。

表 3-16　弹性元件比较

项　目	相对于负荷的成本	加工性能	耐高速性	负荷稳定性	永久变形	初始压力	使用环境温度
强力弹簧	B	D	A	A	A	C	A
聚氨酯弹簧	A	B	C	C	C	B	B
氮气弹簧	C	D	B	A	A	A	C

(2)压料芯中弹簧的安装

弹簧应设置在压料芯与下模的配合面顶上,但为了平衡也可在其他地方设置。弹簧的安装除了考虑弹簧的定位和使用要求(强力弹簧要防止其受压失稳)外,还应注意上模、压料芯、弹簧的装配方法。

设计时,弹簧优先考虑在上模上起凸台方式安装,可以把弹簧窝孔设计在压料芯上。如果挖孔影响压料芯强度,必须要在下模挖孔时,把孔与弹簧的单边间隙设计在 1mm。弹簧处于自由状态时,弹簧定芯销的长度要大于弹簧长度的 1/2 以上。弹簧窝座孔深度 L 应大于等于弹簧自由长度的 2/3,当弹簧窝座孔深度 L 小于弹簧自由长度的 2/3 时,弹簧应增加定芯销。上模座在弹簧下不允许悬空,否则应加筋支撑。

(3)强力弹簧的选用要求

模具行业常用弹簧为扁钢丝螺旋弹簧,主要有:轻型强力弹簧、中型强力弹簧、重型强力弹簧。优先选用普通弹簧作为力源,根据弹簧压缩可产生的弹性力量、安装弹簧的范围来确定弹簧的数量及尺寸规格。

同时,考虑弹簧所承受的负荷及使用次数,要求:

● 作为压料芯压力源时，弹簧一般不设初压，但当压料芯（板）重量较大时，弹簧可设初压，此时初压应小于压料芯（板）重量。原因在于当结构件分解时，弹簧若有初压，会四处飞散。有初压时，每根弹簧都应采用紧固的结构。

● 若在压料芯和模座两侧设置导向保持器，或者在结构件上开弹簧窝孔的结构时，导向保持器的长度要超过弹簧长度的一半。

● 弹簧导向销在压料芯与模座导滑量 20mm 以上时开始导入。

● 一般压料芯和模座底面安装平面间隙为 20mm，为使底面接触状态时弹簧导向销头部不发生干涉，压料芯下死点状态时导向销头间距应保证在 25mm 以上。

（4）氮气弹簧的选用要求

氮气弹簧用于必须有较高的初期载荷、压力，压料芯行程较大，且普通弹簧在结构或功能上无法实现的模具。

氮气弹簧的安装方式如图 3－48 所示，设计时首选 A 型，在 A 型安装方式不能布置的情况下才考虑 B 型安装方式。采用 A 型安装方式时，上模座在氮气弹簧下必须加筋支撑。

氮气弹簧的布置要求与弹簧的布置原则相同，不允许预压，且在模具开模后氮气弹簧应与压料芯空开 2mm，即压料芯的限位行程比氮气弹簧的行程大 2mm。

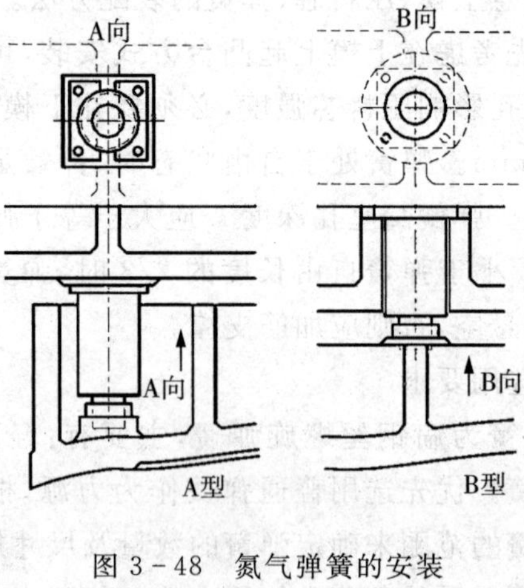

图 3－48　氮气弹簧的安装

为防止安装法兰、螺钉和压料芯干涉，设计时要求将法兰螺钉标入剖面图。由于型号、长度不同的氮气弹簧存在加工误差，使用不同型号的氮气弹簧应在设计图纸中标明形式。同时，氮气弹簧柱塞不能与接触块的安装螺钉干涉，要求螺栓沉入接触块，且柱塞头部和接触垫块重叠不小于 90%。

氮气弹簧和压料芯接触的部位下方应是型面压紧部位，和模座接触的部位上方应有立筋，保证氮气弹簧外径的 40% 以上与底面立筋重叠。压力源安装空间紧凑的部位，压料芯立筋局部空开，尺寸采用相同系列，在工作部分附近均匀分布。压料芯立筋局部空开时，应保证强度。

存放用氮气弹簧：在高速线、自动化线、多工位上使用的模具，上模和下模合模时，先接触作为柔性存放器的氮气弹簧。此时，刚性存放限制器和行程限制器的总高度距离上模 5～10mm，存放限制器能自由取出，即氮气弹簧的行程比刚性存放限制器高 5～10mm。当模具上堆放有重物时，先压缩氮气弹簧 5～10mm，再由刚性限制器来支撑重量。

因为存放用氮气弹簧是设置在模具的四个角上的，在模具起吊、翻转时可能会和钢丝绳干涉，故要求存放用氮气弹簧的安装采用开通孔埋入本体的形式。铸造出通孔，孔径留 10mm 量由机械加工，安装面下的筋要求加厚，通常厚度为 80mm。

当氮气弹簧作为压料芯力源进行管路连接时，应采用弹簧与弹簧之间的直接连接，减少连接板的使用数目，避免连接板与压料芯干涉。

(5)聚氨酯弹簧的选用要求

聚氨酯弹簧的布置要求和弹簧相同，仅作为缓冲和特殊情况下压料用。

3.8　镶块设计

3.8.1　铸造镶块

(1)铸造镶块尺寸

常规镶块设计时，镶块的长(L)、宽(W)、高(H)必须满足以下要求：$50\text{mm} \leqslant H \leqslant 150\text{mm}$；$W \geqslant 1.5H$；$L \leqslant 350\text{mm}$，最小尺寸以能打下两个 M16 的螺钉孔和两个 $\phi16\text{mm}$ 的销钉孔为准。

(2)镶块整体铸造

综合考虑加工成本等因素，在保证铸件强度、加工工艺以及铸件不变形的情况下，采用镶块的整体铸造。镶块的整体铸造条件见表 3－17 所列(单位：mm)。

表 3－17　镶块整体铸造条件

长度 L	高度 H	宽度 W
$L \leqslant 500$	$H \geqslant 60$	$W \geqslant 1.5H$
$500 < L \leqslant 1000$	$H \geqslant 80$	$W \geqslant 1.5H$
$1000 < L \leqslant 1200$	$H \geqslant 100$	$W \geqslant 1.5H$
$1200 < L \leqslant 1500$	$H \geqslant 150$	$W \geqslant 1.5H$
$L > 1500$	$H \geqslant 180$	$W \geqslant 1.5H$

(3)铸造结构镶块紧固的方式(螺钉、螺孔、销钉单位：mm)

一般情况下，铸造结构镶块的螺钉和销钉横向间距 L_1 和纵向间距 L_2 都是 20 的倍数。螺钉拧入深度≥1.5 倍的螺钉直径，优选 M16×50。销钉埋入深度 30mm，优选 $\phi16 \times 60$。

上模铸造结构镶块所有螺钉须加弹簧垫圈紧固。要求加销堵的情况下，须在销钉处起加工凸台，凸台倒 60°角；单件镶块重量超过 15kg 时必须设计出起吊螺孔，优选 M16。

3.8.2　锻造镶块

锻件镶块的尺寸(单位 mm)：长(L)×宽(W)×高(H)，重量≤15kg。$L=150 \sim 300$(特殊为 350)，$W=1H \sim 1.5H$(特殊为 $2H$)，$H=40 \sim 80$(特殊为 150)，最大镶块重量≤25kg。

3.8.3　镶块分块

(1)刃口、翻边整形的局部形状复杂部分、局部易损部分要单独分块(以保证研配、调整的准确性)，分块尺寸要小(要满足长 80～110mm，宽 60～80mm)。同时，考虑结构要求与现场的加工装配。

(2)冲裁模镶块的紧固螺钉要靠近刃口和镶块(拼块)的接合面，并作阶梯形均匀布置(三角形或梯形)，销钉应远离刃口，上模镶块的销钉必须加销(钉)堵。

(3)上、下模(凸模、凹模)镶块拼块(分块)接合面的接缝不要重合，最小错开 3～5mm，如图 3－49 所示。

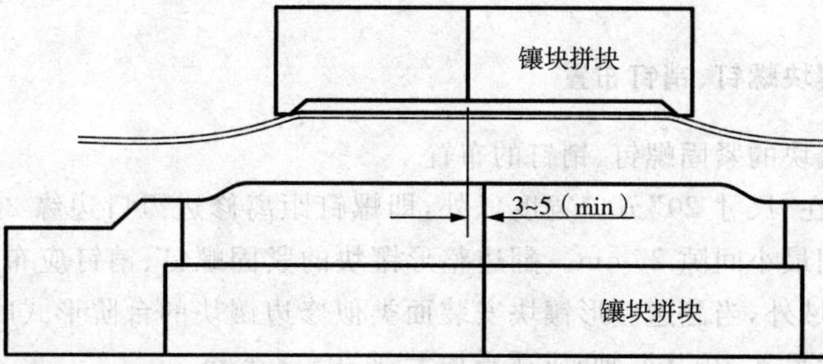

图 3－49 凸、凹模分缝

（4）冲裁类模具的凹模尖角部要分块设计（便于加工、热处理、研配、调整），如图 3－50 所示。

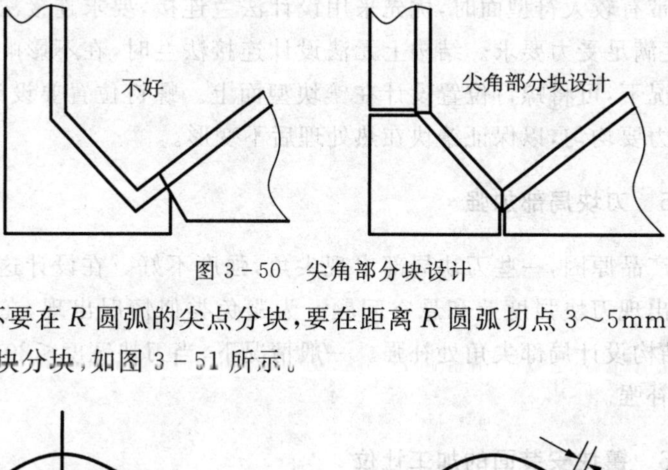

图 3－50 尖角部分块设计

（5）不要在 R 圆弧的尖点分块，要在距离 R 圆弧切点 3～5mm 的直线部分设计镶块分块，如图 3－51 所示。

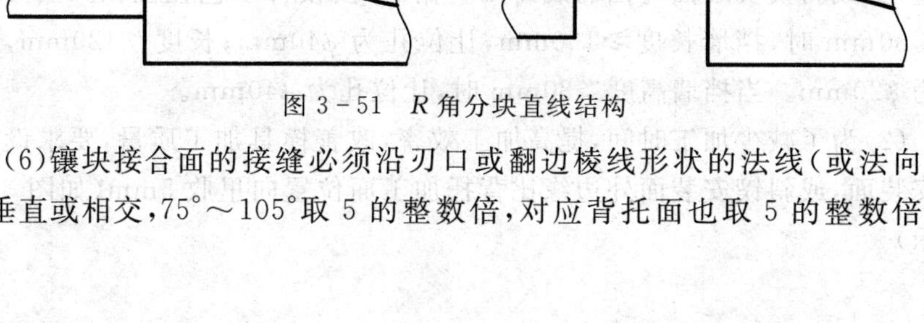

图 3－51 R 角分块直线结构

（6）镶块接合面的接缝必须沿刃口或翻边棱线形状的法线（或法向）方向（垂直或相交，75°～105°取 5 的整数倍，对应背托面也取 5 的整数倍）设计。一块镶块接合面的接缝要相互平行或垂直(作为研配和加工的基准,方便定位找正)。

3.8.4 镶块螺钉、销钉布置

(1)修边镶块的紧固螺钉、销钉的布置

一般布置在"尺寸 20"刃口宽度以外,即螺钉距离修边刃口边缘 20mm 以上,螺钉之间最小间隙 25mm。翻边整形镶块的紧固螺钉、销钉应布置在翻边整形的区域外,当翻边整形镶块安装面类似修边镶块的台阶形式时,螺钉、销钉的位置尺寸"20"(X 轴)应适当加大到 30～35mm。

(2)紧固螺钉、销钉的布置要求

设计时只在镶块上设计出螺钉和销钉的过孔,其安装面上不需要对应设计螺纹和底孔,原则上螺钉都要求使用 M16,销钉使用 ϕ16mm。

镶块带有较大符型面时,优先采用设计法兰连接,要求连接法兰要布置合理,强度满足受力要求。结构上无法设计连接法兰时,在不影响制件表面质量的情况下,可将螺钉位置设计在镶块型面上。螺钉位置要设计得合理,螺钉紧固力要均匀,以保证镶块在热处理后不变形。

3.8.5 刀块局部加强

由于产品原因,一些刀块局部出现尖角,强度不好。在设计这些局部地方时常常出现刀块强度差和悬空问题。为避免类似情况出现,在结构设计中,应按结构设计局部尖角处补强。一般情况下,当刀块宽度≤20mm 时,必须做局部补强。

3.8.6 镶块安装面的加工让位

(1)挡墙与挡墙成直角封闭型时的让位孔设计,镶块安装面与挡墙成封闭直角,或斜锲安装面与挡墙成封闭直角时,要设计工艺让位孔。当挡墙高度≤80mm 时,挡墙长度≥120mm,让位孔为 ϕ40mm;长度<120mm,让位孔为 ϕ20mm。当挡墙高度>80mm 时,让位孔为 ϕ40mm。

(2)为了减少加工时间,提高加工效率,改善模具加工质量,要求设计镶块安装面,或斜锲安装面外边缘比背托加工面位置向里收 5mm(如图 3-52 所示)。

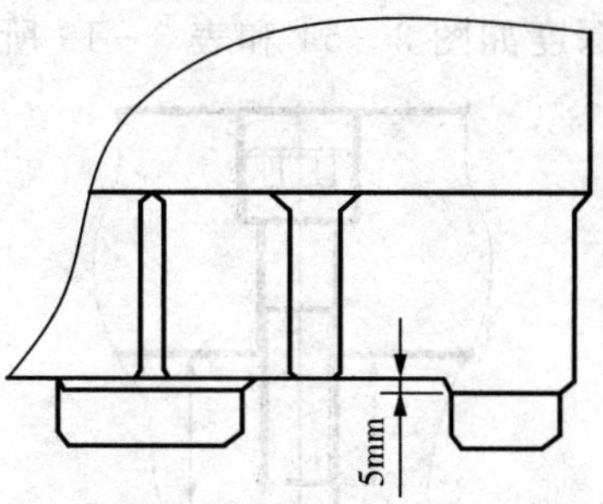

图 3-52　避空设计

3.9 紧 固 件

3.9.1 螺钉安装尺寸

(1)内六角螺钉通孔的结构和尺寸如图 3-53 和表 3-18 所列(单位：mm)。

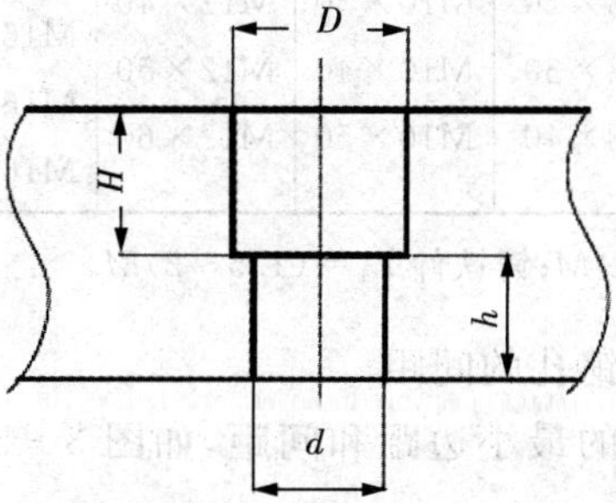

图 3-53　通孔尺寸

表 3-18　螺钉通孔尺寸

通孔尺寸	螺纹直径×螺距						
	M6×1.0	M8×1.25	M10×1.5	M12×1.75	M16×2.0	M20×25	M24×3.0
d	6.6	9	11	13.5	17.5	21.5	25.5
D	12	14	18	20	26	32	38
H(max)	25	35	45	55	75	85	95
H(min)	4	6	7	8	11	12	12

注：$H(\min)=M+(1\sim1.5)$；要求 $h>2/3M$；淬火的钢材 $h>1.5M$。

(2)螺钉拧入最小深度如图 3－54 和表 3－19 所列(单位:mm)。

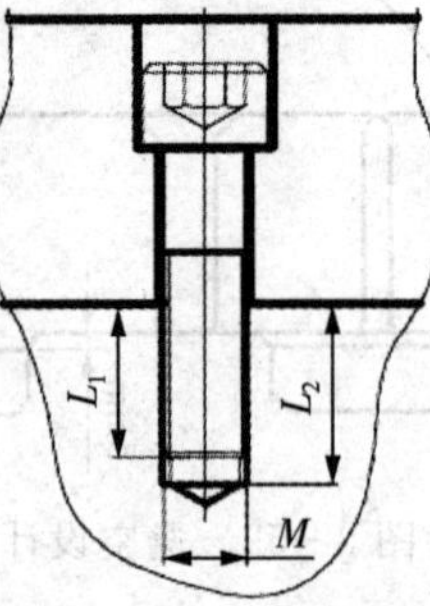

图 3－54 螺钉拧入最小深度

表 3－19 螺钉拧入深度

铸铁件	M6	M8	M10	M12	M16	M20	M24
L_1	15	18	22	25	35	40	50
L_2	20	22	26	30	40	45	55
标准件推荐规格	M6×12 M6×12	M8×20 M8×30 M8×40	M10×30 M10×40 M10×50	M12×40 M12×50 M12×60	M16×50 M16×60 M16×70 M16×80	M20×90	M24×90

注:钢件 $L_1=(1\sim1.2)M$;铸铁件 $L_1=(1.5\sim2)M$。

(3)螺钉孔和圆柱销孔的间距

螺钉孔、圆柱销孔的最小边距和间距,如图 3－55、表 3－20 和表 3－21 所示(单位:mm)。

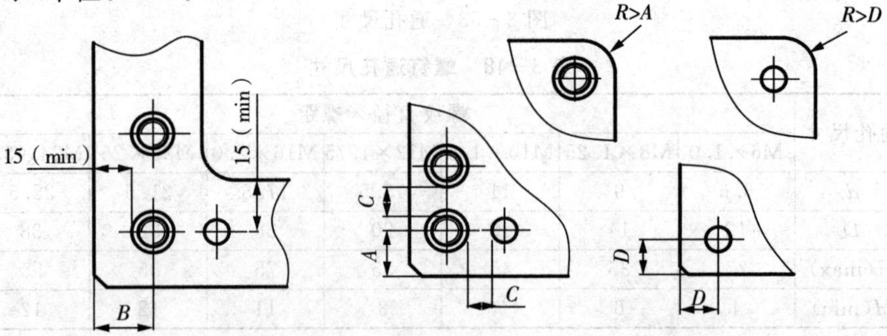

图 3－55 孔的最小边距和间距

表 3－20　螺钉孔的边距和间距

螺钉孔		M8	M10	M12	M16	M20	M24
A(min)边距	不淬火（火焰淬火）	10	11	13	16	20	25
	整体淬火	13	15	17	21	26	31
B(min)边距	淬火	15	18	20	25	30	35
C(min)间距	淬火	5	5	5	5	5	5
	不淬火	3	3	3	3	3	3

表 3－21　销孔边距和间距

圆柱销孔		$\phi 8$	$\phi 10$	$\phi 12$	$\phi 16$	$\phi 20$	$\phi 25$
D(min)边距	淬火	11	12	15	18	22	28
	不淬火	8	10	12	16	20	25
C(min)间距	淬火	5	5	5	5	5	5
	不淬火	3	3	3	3	3	3

注：上述两表中火焰淬火指的是空冷钢材料采用（表面）火焰淬火；不淬火指的是刃口堆焊的（锻造）钢材基体镶块。

(4)螺钉、圆柱销防松脱设计

在高速线、自动化线、多工位以及手工线上使用的模具，要求上模设计的所有螺钉、圆柱销都需设计防松脱弹簧塞或螺（销）堵，以防模具在工作过程中螺钉、圆柱销脱落（从上模底部穿过的螺钉、圆柱销除外）。设计时在 3D 视图中可以不表达，但在明细栏中必须标出件号和规格型号。

3.10　模具定位与安装

3.10.1　分体凸模定位

(1)定位销＋中心定位键定位

分体凸模左右侧中心线上设置定位孔，定位孔间距为 5 的倍数，左右侧定位孔距中心线距离应一致。如受凸模结构限制，可设置在其他合理位置。

定位销采用标准件，同时设置十字形定位键槽，如图 3－56 所示。

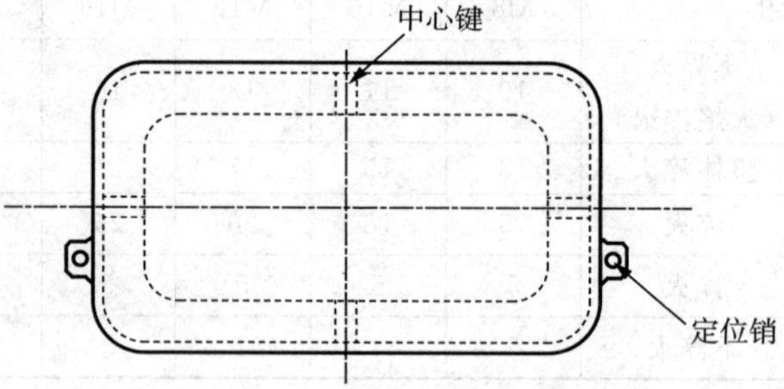

图 3－56　定位销＋中心定位键定位

(2)定位销＋背靠键定位

当设置十字形定位键槽有困难时，可采用铸件挡墙与键结合的方式定位，如图 3－57 所示。

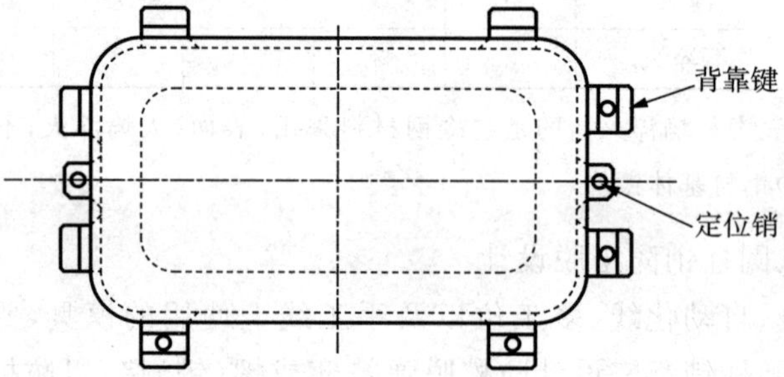

图 3－57　定位销＋背靠键定位

3.10.2　快速定位

模具在向机床上摆放时，可利用快速定位的方式达到准确快速找正的目的。若受模具结构限制，定位销在模具安置后可不拔出。优先使用左右对称的位置，为使模具设计紧凑及避免干涉废料排出，也可使用不对称位置。

若机床在模具前后侧压板位置无定位销，快速定位也可设置在模具的左右侧，但要保证快速定位的强度及起吊、翻转时不和钢丝绳干涉。

模具在机床上定位，设置定位键槽的同时设置退刀槽，键槽直接加工到位。

3.10.3　板件定位孔定位

定位孔的选择：

● 在整个工序中不产生变形、形状相对稳定的孔，在冲孔工序中位置精度稳定的孔；

● 与安装定位销处相对应一侧的躲避孔，也应该在平面图上表示出来；

● 定位销直径应在图纸上表示出来，原则上取孔直径减去 0.1mm，例如销孔直径 20mm，则定位销直径为(20－0.1)mm，根据需要可标出公差；

● 为了便于取件，原则上优先选择锥形定位销。

3.10.4　模具的安装

(1)压板槽

压板槽通常配置在模具的正面和后面；压板槽对应于压床 T 形槽的位置，对称布置；原则上，压板槽间距 l 为 L 的 60％以上；如果 $l<60\%L$，则需与技术负责人员沟通确认，压板槽间距结构如图 3－58 所示。

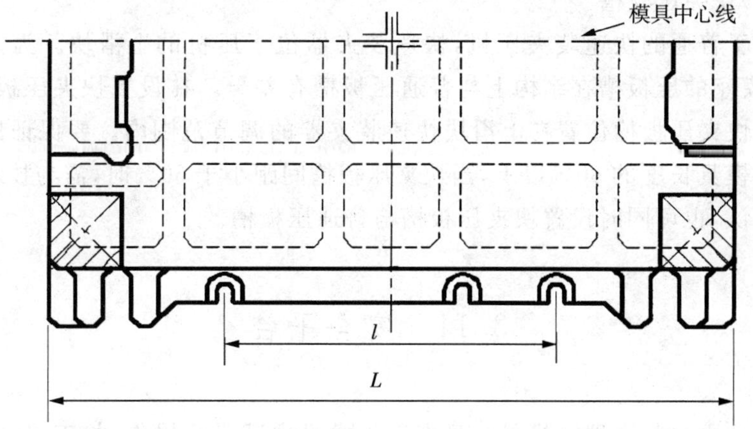

图 3－58　压板槽布置

压板槽数量根据模具尺寸选择，见表 3－22 所列。

表 3-22 压板槽数量

长边侧尺寸(mm)	压板(夹紧)槽数量(个)			
	下模座 拉延凸模(单动拉延)		上模座 压边圈(双动拉延) 拉延凸模(双动拉延)	
	前	后	前	后
小于 1000	2	2	2	2
1001～1600	2～3	2～3	3	3
1601～3600	3	3	4	4
大于 3600	4	4	4～6	4～6

无论手动夹紧或自动夹紧,都要求模具在上下模具时有足够的操作空间,压板槽边缘距离相邻的筋或吊耳 100mm 以上。压板槽的设置需要同步考虑加强筋位置,距离加强筋过远时会导致结构强度不足。

同时,压板槽的布置要使模具受力平衡,根据数量的要求均匀地分布在模具上;一般最外侧(X 方向)的两个 T 型槽处要布置压板槽,最外侧(X 方向)两个压板槽之间的距离要大于模具长度的 2/3;U 型槽的布置要满足机床要求。

(2)快夹压板槽

对于普通的快速装夹压机,快速装夹器位于压机的上滑块。为方便装夹,上模座的压板槽在结构上与普通压板槽有差异。在设置快夹压板槽时,应确保快夹压板槽位置在上滑块快速装夹器的调节范围内。要保证压板槽间距为模具长度的 60%以上,当快夹压板槽间距小于 60%时,需与技术人员沟通确认,也可同时设置快夹压板槽与普通压板槽。

3.11 安全平台

安全平台是设置在模具上且在进入模具内部进行操作(加工、修补)时,放置安全支撑块的平台,也可作为起重用凸台。所有模具都必须设有安全平台。

上下模安全平台都设有到底面的立筋。安全平台的基本尺寸可为:100mm

×100mm、120mm×120mm、150mm×150mm，高度可为：50mm、80mm、110mm、150mm，凸出本体 10mm 加工。当模具宽度 $W<700$mm、导柱导向时，可设置两处，将结构设计为对角安全平台 ac 或 bd。导腿导向时，设置 4 处，如图 3－59 所示。当模具宽度 $W \geqslant 700$mm 时，设置 4 处。鉴于模具强度的考虑，安全平台应安置在有筋的地方，以保证形成 2/3 以上的有效支撑面积。

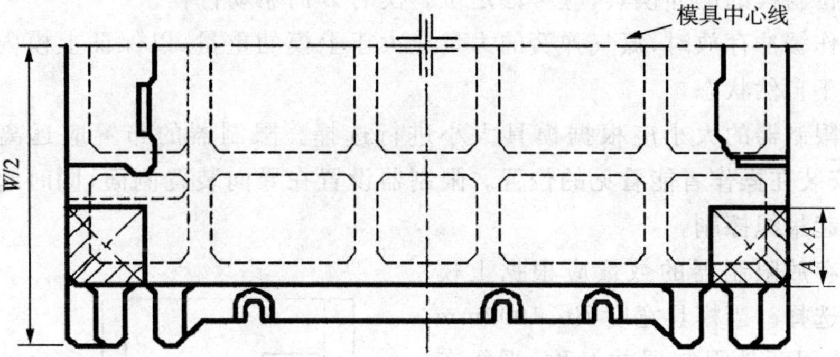

图 3－59　安全平台

3.12　模具存放及运输

(1)存放限制器

存放限制器的使用如图 3－60 所示。

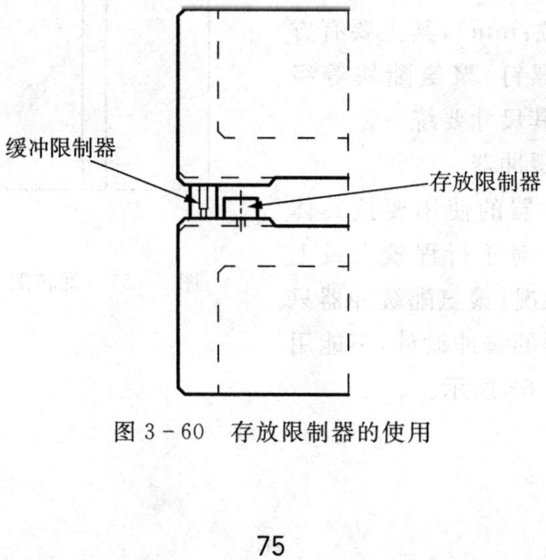

图 3－60　存放限制器的使用

存放限制器高度根据模具结构确定。拉延模(切角拉延模需设置存放限制器)、成形模等不使用弹性元件时不设置存放限制器。模具存放时,要使内部的弹性元件不受压缩,并且导向部分啮合长度≥50mm;当同时有存放限制器和缓冲限制器时,还应考虑缓冲限制器的行程,导向部分啮合长度≥50mm;对于上、下浮动模具,应考虑压料芯和顶件器行程的同时释放;具有定位斜楔的侧冲模具,应考虑定位斜楔的 Z 向驱动行程。

作缓冲存放时,氮气弹簧的力量应大于上模的重量,以保证上模内部弹簧处于自然状态。

限制器的大小应根据模具大小进行选择。限制器的布置应远离操作区,安装在操作者能看见的位置。限制器设置在导向装置侧面,同时起吊时不与起吊绳擦剐。

存放限制器的数量应根据上模重量选择。当模具宽度 $B \leqslant 1000$mm 时,选用两件限制器并对称、平衡布置;当模具宽度 $B > 1000$ 时,选用 4 件限制器。

限制器所处的上、下模座部分应设直径等大的座或立筋,把冲压力传递到机床上。

(2)翻转限制器

翻转限制器的结构及尺寸如图 3-61 所示(单位:mm),其主要有方钢、合页铰链、螺钉、聚氨酯块等组成,通常情况下其尺寸要统一。

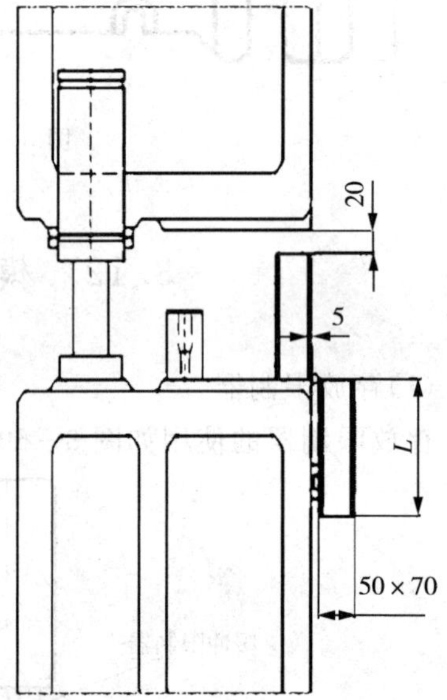

图 3-61　翻转限制器的结构

(3)聚氨酯缓冲器

聚氨酯缓冲器的使用要按具体使用要求进行。对于行程较大或上模重量较大的情况,聚氨酯缓冲器只能用于冲压过程的缓冲设计,不能用作存放,如图 3-62 所示。

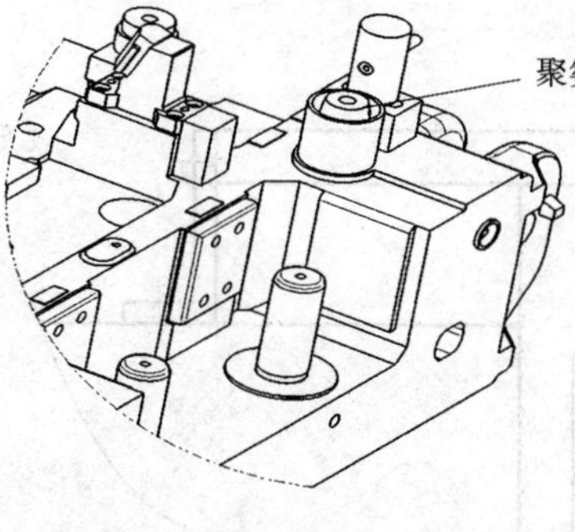

图 3 - 62 聚氨酯缓冲器

(4)氮气弹簧缓冲器

若采用氮气弹簧存放，氮气弹簧缓冲器的安装形式为氮气弹簧标准安装方式，其规格大小、力量、行程由模具结构确定。

(5)模具运输连接板

连接板主要用于模具运输过程中，连接上、下模座。连接板的位置在模具端头边缘处，呈对称布置，连接板的长度按模具存放高度确定。一套模具共有 4 块连接板，特殊小型模具，可采用 2 块连接板呈对角布置（如图 3 - 63 所示）。前后方向安装和左右方向安装两种模式任选一种即可。

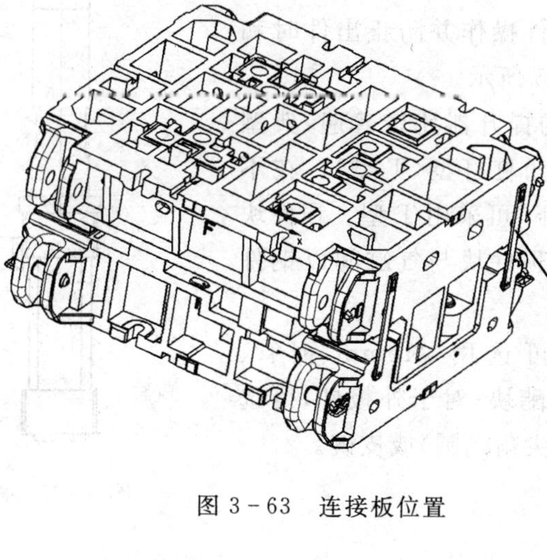

图 3 - 63 连接板位置

对于双动拉延模，连接板可用L形（设置4处），长度按模具存放高度确定，如图3－64所示。

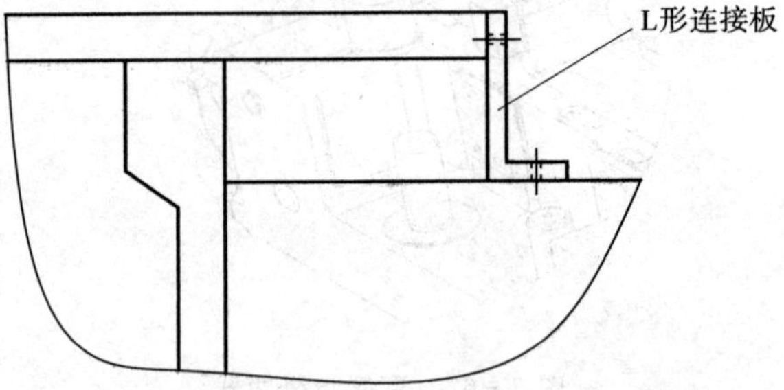

图3－64　L型连接板

3.13　送取件装置

3.13.1　提升器（顶件器、顶出器）

无论是手工出件或采用机械手取出制件，都要先把加工好的制件从下模提升到规定的位置，以方便取件操作并防止出件时和模具干涉，如图3－65所示。

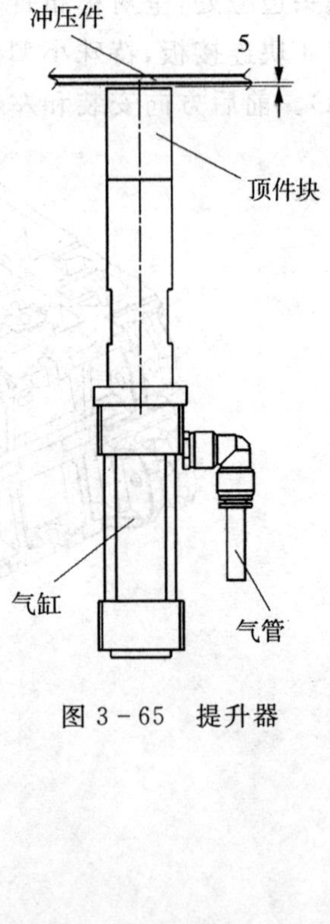

图3－65　提升器

采用气缸方式的提升器比较普遍，典型的形式有H型与直角杠杆型（T型）。在不能采用H型的情况下，可采用T型。顶件块材料可采用聚氨酯，顶件块与气缸间以钢件连接。

对于内板件，可选用ϕ16mm钢管、ϕ10mm钢棒或聚氨酯块；对于外板件，可选用较软的聚氨酯块（尖角倒圆）或皮碗。

3.13.2　提升器类型

(1)单气缸提升器的结构如图 3－66 所示。

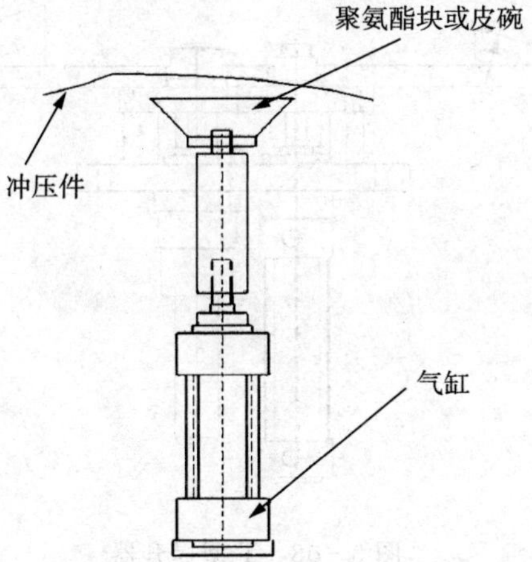

图 3－66　单气缸提升器

(2)H 型提升器的结构如图 3－67 所示。

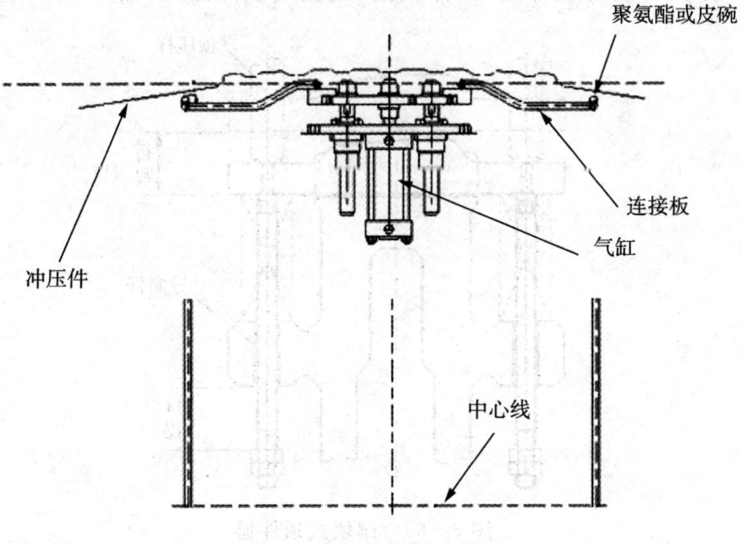

图 3－67　H 型提升器

(3)T 型提升器的结构如图 3－68 所示。

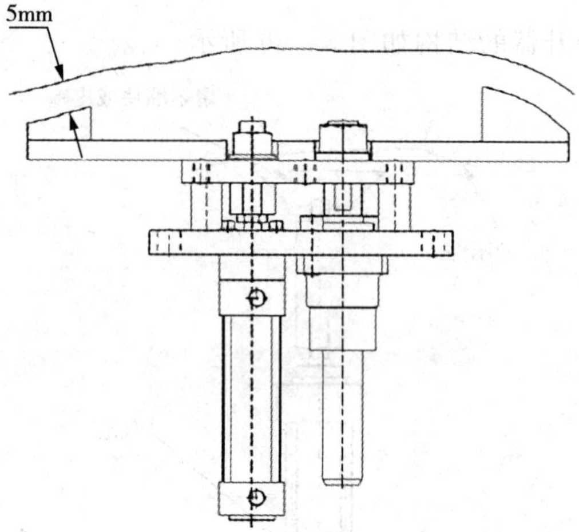

图 3－68　T 型提升器

在制件重心明显偏移一边或在下模表面没有放入顶板余地、不能采用 H 型提升器的情况下,可采用 T 型提升器。

(4)弹簧驱动的顶件器(如弹顶销、镶块式顶件器)如图 3－69 所示。

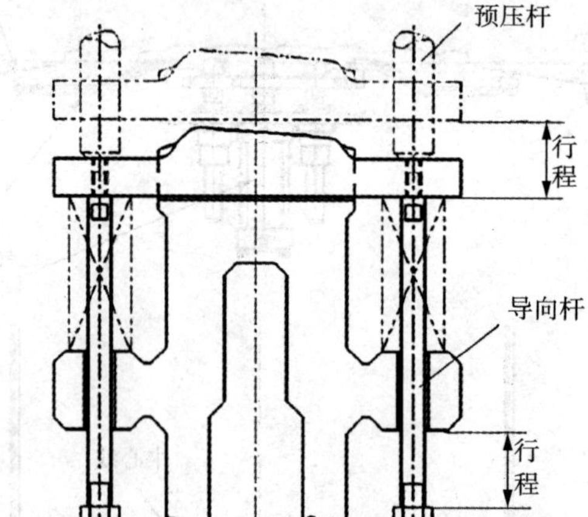

图 3－69　镶块式顶件器

3.13.3　送出料装置

为使送、取件方便，提高操作效率，常设置送出料装置，同时也可防止制件在送、取时变形，从而将废料与制件彻底分离。常见的送出料装置有托架(如图 3-70 所示)和滚道(如图 3-71 所示)。

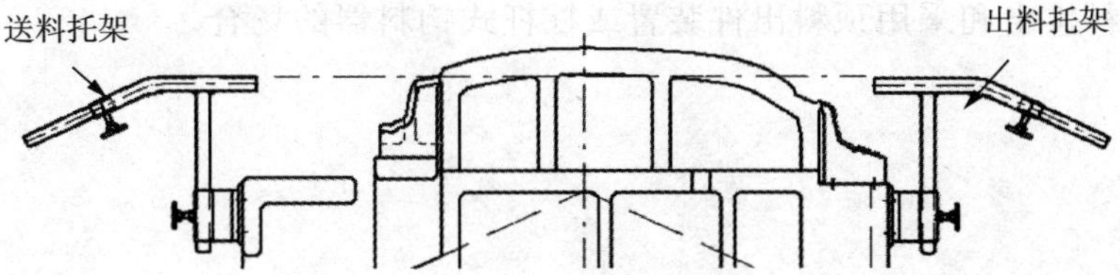

图 3-70　送料托架

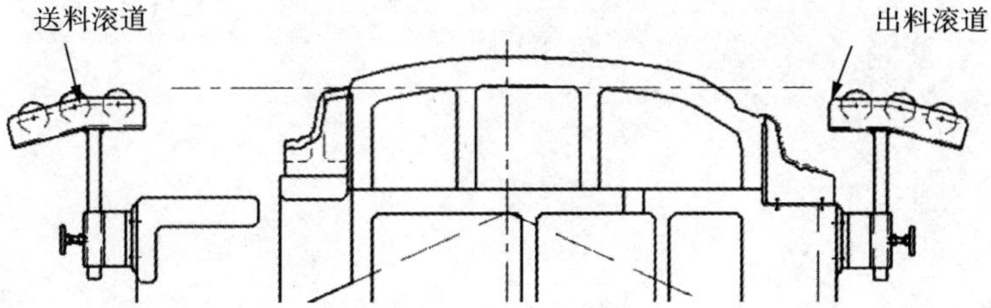

图 3-71　送料滚道

橡胶滚轮用于拉延件以及外覆盖件取件时，防止工序件产生变形。外覆盖件在拉延工序中有时会碰着滚轮，使用海绵状橡胶滚轮(覆盖式滚轮)可起缓冲作用。橡胶滚轮应设计在制件刚性较好的位置，还用于机械手的轨迹和制件取出线路与模具的部件输送装置等有干涉的场合。

设计橡胶滚轮时，应注意支承板不要与制件相干涉(将支承板放在外侧)，滚轮的位置原则上设计在靠拉延制件的压料面处，但当制件的宽度较狭窄时，考虑设计在制件刚度较好的位置。用机械手拉出制件时，若制件在左右方向滑动并有从滚轮上摔下来的趋势，可并列设置多个滚轮。为防止制件旋转，制件应同时脱离左右橡胶滚轮。同时，在压边圈上设置滚轮的躲避空挡时，应考虑模具强度。

送出料托架主要用于：

(1)使用推件装置时；

(2)靠杠杆式钩料器使制件滑出时；

(3)冲模与输送装置离得太远时；

(4)制件的刚性较差，在取件途中存在相干涉的物体时；

(5)因制件的刚性较差，取出后落在输送装置上防止摔变形时。

送出料托架一般设计成可调结构，在其突出模具时设计成可折叠结构。为了在调试时便于观察，将其设计成可拆卸的结构。送出料托架主要应用于有废料排出和采用顶料出件装置或杠杆式钩料器的场合。

第4章　汽车冲压模具加工工艺与表面处理

足够高的强度和合理的韧性是衡量模具质量的重要指标之一。模具表面性能也会影响模具的工作性能和使用寿命。这些表面性能指：耐磨损性能、耐腐蚀性能、摩擦系数、疲劳性能等。这些性能的改善仅依赖基体材料的改进是不能完全实现的，也是不经济的，通过表面处理技术可以收到事半功倍的效果，这也是表面处理技术得到迅速发展的原因。

4.1　底面加工

底面加工的内容包括底面、分中找中心、键槽、U型槽、快速定位等，是数控加工第一阶段的基础。加工精度、模具底面的粗糙度及加工质量的好坏将直接影响到其他部位的加工精度和工作性能的优劣。

(1)底面加工

底面加工的步骤有中心校准、粗加工、精加工。

中心校准(必须正面朝上)：将模具安装在机床台面上，根据模具本体的变形情况和加工余量将模具本体调平垫实；再根据模具的导板、各个台阶、靠背等具有分中作用的侧壁确定中心，以达到模具加工后各部位留量均匀的目的；将分中后的基准做出(不得在吊环、吊耳等安全区域作基准)；要求分中后各导板等侧壁误差不得大于5mm，水平面内误差不得大于5mm。需要注意的是，当铸件变形引起的误差无法控制时，应由相关技术人员在现场进行最终调整并确认后方可继续加工，不得随意加工。

粗加工：在保证底板厚度的情况下，根据数模尺寸将多出的余量完全去除。留余量0.5～1.0mm，表面粗糙度 $R_a \leqslant 12.5\mu m$，平面度在0.3mm之内并保证底板各处厚度误差小于8mm。

精加工：精加工后要求表面粗糙度 $R_a \leqslant 6.3\mu m$，平面度0.03/1000之内

(单位:mm)。

(2)找中心(单位:mm)

根据正面分中后做的基准找正分中,误差不得大于0.05。

底面加工完成后,中心与该基准的误差不得大于0.05,以备后续加工检查使用。

(3)U型槽加工(单位:mm)

U型槽要求:宽度公差为$^{+1.0}_{0}$,厚度公差为$^{0}_{-0.1}$,位置度±0.5。应当注意的是,对于自动线模具上模边缘$L=150$,要按设计图纸加工。

(4)键槽、快速定位加工(单位:mm)

粗加工:根据数模尺寸,侧面留余量0.5mm,深不留余量。

精加工:根据数模尺寸,槽宽的公差为$^{+0.1}_{+0.05}$。

要求:键槽深10mm以上倒角$C1.0\sim C2.0$;键槽深10mm以下倒角$C0.5\sim C1.0$。

(5)汽缸安装座(单位:mm)

汽缸安装座根据数模尺寸加工到位,加工后台阶公差为±0.02。过孔需要镗孔,公差为$^{+1.5}_{+0.8}$,螺丝孔也需要做出。如图4-1a中的氮气缸安装板必须同底面同时光刀。与底面的孔口倒角$C3\sim C5$,下部孔口倒角$C0.5\sim C1.0$,如图4-1b所示。

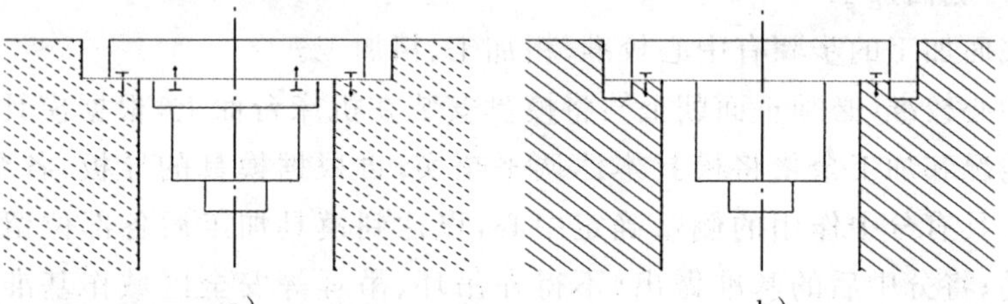

图4-1 气缸安装座加工

4.2 正面加工

(1)装夹

根据底面加工完并校正过的基准找正分中并压紧,分中后误差不得大于 0.05mm。

(2)基准孔加工、基准边加工

根据数模的位置尺寸将基准孔通过点孔、钻孔、铰孔加工至 ϕ8mm,深度大于 15mm。基准边可以将原来底面的基准边重新校正后使用或是重新制作,并将最新数据用钢印刻出。

用 ϕ20mm 立铣刀在 X、Y 两个方向加工深 0.5mm、长 60mm 的平面,并在相应方向打钢印面,如图 4-2 所示。通常情况下,基准孔在 3D 全部加工完成且导柱、导板也都完成后加大到 ϕ10mm,深 20～25mm。

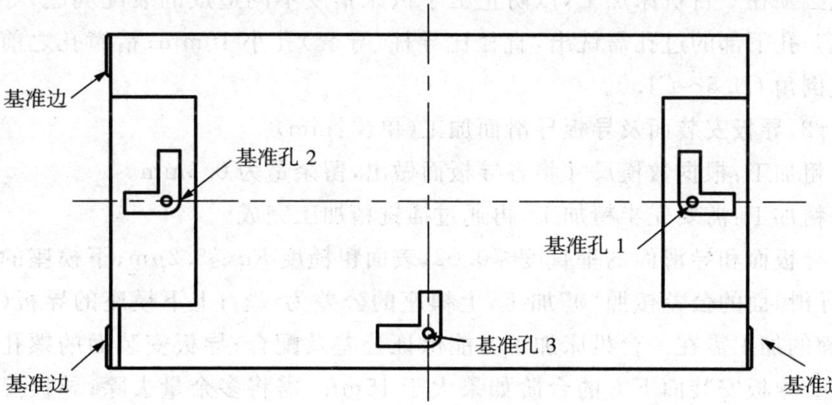

图 4-2　基准加工

(3)高度(座面)加工

粗加工:根据数模的尺寸将各个台阶高度铣出,留余量为 0.5mm。

精加工:按相同步骤将各个台阶高度铣出,留余量为 0。

各台阶的高度误差为±0.02mm。表面粗糙度 $R_a \leqslant 3.2\mu$m。如有螺孔需按数模做出。

(4)靠背面加工

粗加工:根据数模的尺寸将各个靠背面铣出,留余量为 0.5mm。

精加工:按相同步骤将各个靠背面铣出,留余量为 0。

各靠背面垂直度误差为 $^{+0.02}_{0}$(单位:mm),表面粗糙度 $R_a \leqslant 3.2\mu$m。相对中心的位置度公差为±0.05mm。如有高度超过 300mm 的靠背面,则需用插铣方式加工。

4.3 导向部位加工

(1)导柱、导套孔加工(单位:mm)

粗加工:根据数模尺寸将各孔做出,留余量为0.8mm。

精加工:需按粗镗、半精镗、精镗步骤将各个靠孔镗出。需要注意的是,导柱孔公差为$^{-0.03}_{-0.05}$、导套孔公差$^{+0.05}_{+0.03}$。表面粗糙度$R_a \leqslant 1.6\mu m$;导柱孔和导套孔必须在一台机床加工,以防止由于机床精度不同造成的装配问题;导柱(导套)孔下部的过孔需铣出,直径比导柱(导套)孔小10mm;精镗孔之前孔口应倒角C0.5～C1.0。

(2)导板安装面及导板导滑面加工(单位:mm)

粗加工:根据数模尺寸将各导板面做出,留余量为0.5mm。

精加工:需要先半精加工,再通过插铣精加工完成。

导板面和导滑面的垂直度≤0.02,表面粗糙度$Ra \leqslant 3.2\mu m$;下模座的导板(导滑)面的公差按照"0"加工,上模座的公差为$^{0}_{-0.02}$;上下模座的导板(导滑)面的加工需在一台机床加工方能保证公差及配合;导板安装面的螺孔要做出。导板安装面下方的台阶如果大于15mm,需将多余量去除;导板安装面的深度应比导板的高度高5mm;导滑面的上端需倒R15～R20圆角。

压料芯导板(导滑)面加工与此类似。

4.4 孔　加　工

(1)凹模套孔加工

粗加工:根据数模尺寸或实物将孔粗加工,底面和侧面的余量为0.3mm。

精加工:通过立铣刀或镗刀将孔加工到位。必须在型面精加工完成后才能做防转销和凹模套孔;如果有防转销,必须先将防转销加工好才能做凹模套孔;凹模套孔的深度应该比凹模套小0.5mm;在有曲面的位置上加工时,应先将曲面铣平,然后才能做防转销和凹模套孔;落料孔必须一次性加工完成。凹模套孔的加工公差及落料孔尺寸见表 4－1 所列。

表 4－1　凹模套公差及落料孔尺寸　　（单位：mm）

凹模套孔	公差	*b*	*d*	落料孔
φ10	＋0.016 ＋0.01	6	φ6.4	φ7
φ13	＋0.02 ＋0.012	7.5	φ8.4	φ9
φ16		8	φ10.6	φ11
φ20	＋0.024 ＋0.015	10	φ12.6	φ14
φ22		11	φ14.6	φ15～φ16
φ25		12.5	φ16.6	φ17～φ18
φ32	＋0.028 ＋0.017	16	φ20.6	φ25～φ26
φ38		19	φ26.6	φ30～φ32
φ45		22.5	φ36	φ36～φ38
φ50		25	φ41	φ42～φ44
φ56	＋0.033 ＋0.02	28	φ46	φ46～φ48

（2）直冲孔

粗加工：根据数模尺寸或实物将孔粗加工，底面和侧面的余量为 0.3mm。

精加工.通过立铣刀或镗刀将孔加工到位。在小的异形孔和刀具无法切削时，做出线切割基准，由线切割完成，落料孔根据数模从反面铣出。

（3）销孔、螺纹孔、弹簧孔加工

销孔：根据图纸位置用中心钻点孔，选用比孔径小 0.5mm 的钻头钻底孔，深度为孔径的 2.5 倍，用比孔径小 0.2mm 的立铣刀修正孔位，加工深度为孔径的 2 倍，选用对应的铰刀或立铣刀加工，公差为 H7，孔深度为孔径的 2 倍，孔应倒角（用大钻头倒角）。

螺纹孔：根据图纸位置用中心钻点孔，根据螺纹孔底径尺寸，选用对应的钻头加工底孔，深度为孔径的 2.5 倍（见表 4－2 所列），孔口倒角，选用对应的机用丝锥攻丝。加工时，丝锥需沾润滑油，攻丝深度为孔径的 2 倍。

表 4-2 公制粗牙螺纹参数参照表 (单位:mm)

螺纹尺寸	钻底孔直径	螺纹尺寸	钻底孔直径	螺纹尺寸	钻底孔直径
M4×0.7	3.3	M12×1.75	10.3	M30×3.5	26.5
M6×1.0	5.2	M16×2	14.1	M36×4	32
M8×1.25	6.8	M20×2.5	17.5	M42×4.5	37.5
M10×1.5	8.5	M24×3	21	M48×5	43

弹簧孔加工:根据图纸位置用中心钻点孔,孔径大于 ϕ30mm 的弹簧孔,先用小径钻头加工底孔(如 ϕ14mm),深度和图纸尺寸一致,选用对应的平钻,或用铣刀加工弹簧孔,深度一致,R 角清干净。

(4)CH 孔、到底标记孔加工

CH 孔、到底标记孔加工:参考销钉孔加工公差为$^{+0.1}_{+0.05}$(单位:mm),如果到底标记孔有角度,三轴机床可以不加工,螺孔需做出。

(5)冲头定位孔加工

方法参考销钉孔加工,公差为 H7,必须在导柱孔加工完成后才能加工定位孔。

(6)侧销孔及侧销面加工

① 模座侧销面、孔加工

粗加工:平面直接铣出。孔通过点孔、钻孔、扩孔,留余量为 0.5mm。

精加工:通过粗镗、精镗加工完成。较深的侧销孔可以通过铰孔完成。侧销孔公差为$^{+0.05}_{+0.02}$(单位:mm)。侧销面上如有螺孔需做出。

② 压料芯侧销行程加工

粗加工:根据数模和程序将侧销面及槽做出,侧销面可以直接到位。公差为$^{-0.2}_{-0.3}$(单位:mm),槽留余量为 0.3mm。

精加工:将侧销槽精加工到位,公差为$^{+0.1}_{+0.05}$(单位:mm)。需要考虑工作侧销与安全侧销行程差。

4.5 型面、轮廓、镶块加工

(1)型面

粗加工:根据数控程序做粗加工,留余量 0.8mm,清根至 R8(单位:

mm),半精加工采用45°斜爬方式,留余量为0.3mm。

中加工:采用45°斜爬方式,留余量为0.15mm。

精加工:采用0°或90°斜爬方式,留余量为0,清根加工。

加工完成后对型面检测公差$^{+0.025}_{-0.025}$(单位:mm),清根必须按照数模的尺寸,加工前需要确认镶块组装是否正确、铸件余量是否充足和均匀,粗加工之后必须重新校正中心,对于有淬火要求的模具,精加工应该在淬火后完成,表面粗糙度$R_a \leqslant 6.3\mu m$。

(2)轮廓加工

粗加工:根据数模和数控程序将型面与轮廓同时粗加工完成,留余量为0.8mm。

精加工:根据数模和数控程序将型面和轮廓精加工完成。当料厚1.0mm时,上下模间隙按照料厚×7%计算;当料厚大于1.0mm时,上下模间隙按照料厚×10%计算。如有淬火要求,则刃口需在淬火后精加工。对于刀具无法加工的部位,需要做出基准,再由线切割完成,修边模具的上下模刃口轮廓淘料深度为单边1mm,随型留刃口10mm。修边模刃口精加工后,使用百分表及环规检测刃口公差。

翻边线加工参考修边线的加工,不做淘料处理。

(3)镶块加工

钢料类镶块:六面精铣要保证垂直度为0.02mm,各面留余量为0.3mm。数控铣将底面需要加工的内容(如修边刃口的让空、螺丝孔、让位等)加工完成,销钉孔、键槽留余量的单边为0.25mm。翻身以相同中心加工型面,至半精加工留余量为0.3mm,清根$R4$(单位:mm)。淬火并保证镶块变形量小于0.2mm。镶块底面精磨,以保证平面度为0.01mm。卧式机床精铣或磨床精磨各面的垂直度保证0.02/500(单位:mm)。以千分尺检测,保证尺寸公差±0.01/500(单位:mm)。将底面键槽精加工到位,并保证尺寸精度+0.02mm。如果镶块单独精加工到位,则小数控铣半精,精加工型面。保证型面精度在0.03mm之内。如果需要组立后精加工,则取消此工序;销钉孔慢走丝光刀;三坐标检测,逐件检查;对于尺寸超差的镶块,重新进行磨床研磨,并再次检测至合格;组立,将镶块销孔与模座销孔配做,只有这样配做方能保证今后的镶块可互换性。或者使用有精度保证的机床做出销钉孔,保证销钉孔的孔距公差在±0.015mm之内,从而使镶块具有可互换性；组合后型面精加工，保证型面精度在0.05mm之内。

铸造类镶块：普通设备粗、精铣底面；钳工划线并作出工艺螺丝孔（一般为M12的过孔及沉孔）；安装工艺板，在小数控按照数控程序将镶块的靠背面及拼接面、刀口、型面粗加工、半精加工留余量为0.5mm，所有螺丝孔按照数模加工到位，销钉孔不加工；镶块淬火，控制变形量在0.2mm之内；钳工研配底面；安装工艺板，在小数控按照数控程序将镶块的靠背面及拼接面、型面精加工到位（整形模等型面有要求的不要加工），刀口不要精加工。销钉孔通过点、钻、锪孔、粗绞、精绞孔等工序将销孔加工到位，保证孔距公差在±0.015mm之内。

检验：通过三坐标测量进行抽检，每3件或5件抽检一次。

4.6 表面处理

对模具进行表面处理，特别是对模具凸、凹模表面进行超硬化处理，是解决工件表面拉伤问题最经济有效的办法之一。表面处理的方法有多种，比较常用的有以下几种。

(1)镀层方面：镀硬铬、化学镀镍磷、刷镀特种合金等。

(2)化学热处理方面：各类渗氮、渗硼、渗硫等。

(3)表面超硬化处理方面：化学气相沉积（CVD）、物理气相沉积（PVD）、物理化学气相沉积（PVD）、TD覆层处理。

模具表面处理技术的作用及应用见表4-3所列。

表4-3 模具表面处理技术的作用及应用

处理工艺	作用	应用
渗碳	提高硬度（52～56HRC）、耐磨性、耐疲劳性	挤压模、穿孔工具等
渗氮	提高硬度、耐磨性、抗黏附性、热硬性、耐疲劳性、抗蚀性（但周期长，表面有白色脆化层）	挤压模、冷挤模等
离子渗碳	可消除表面白色的脆化层，耐磨性、耐疲劳性和变形均优于氮化	挤压模、挤压工具等
碳氮共渗	相比渗碳和渗氮，具有更高的硬度、耐磨性、耐疲劳性、热硬性、热强性，生产周期短	成形模、冷挤模、热挤模和模架等

（续表）

处理工艺	作　用	应　用
氮碳共渗	提高硬度、耐磨性、抗黏附性、抗蚀性、耐热疲劳性	冷挤模、拉伸模、挤压模穿孔针
渗硼	具有极好的表面硬度、耐磨性、抗黏附性、抗氧化性、热硬性、良好的抗蚀性	挤压模、拉伸模
碳氮硼三元共渗	提高硬度、强度、耐磨性、耐疲劳性、抗蚀性	挤压模、冲头针尖
盐浴覆层（TD 处理）	提高硬度、耐磨性、耐热疲劳性、抗蚀性、抗黏附性、抗氧化性	挤压模
渗铬	提高硬度、耐磨性、抗蚀性、抗黏附性、抗氧化性	挤压模、拉伸模
镀硬铬	降低表面粗糙度，提高表面硬度、耐疲劳性、抗蚀性	挤压模、拉伸模等
钴基合金堆焊	提高硬度、耐磨性、热硬性	挤压模冲头、芯杆针尖
电火花表面强化	提高硬度、强度、耐磨性、耐疲劳性、抗蚀性	冷、热挤压模等
喷丸处理	提高硬度、强度、耐磨性、耐疲劳性、抗蚀性	热挤压模、冲头针尖

4.6.1　表面化学热处理技术

化学热处理是将工件放入含某种或某几种化学元素的介质中加热保温，通过工件与介质的物理化学作用，将这种或这几种元素渗入工件表面，然后以适当的方式冷却，从而改变了工件表面的成分和组织结构，并赋予工件不同的物理、化学和机械性能。

化学热处理的种类很多，根据所渗元素不同分类：渗碳、渗氮、碳氮共渗或氮碳共渗、渗硼、渗硫、渗铝、渗锌等。目前，常用的以耐磨、减摩、抗拉伤为目的的化学热处理是渗碳、渗氮、渗硼、渗硫等几种。

(1)渗碳

① 气体渗碳

气体渗碳是将工件置于密闭的渗碳炉中加热到 900℃～950℃（常用

930℃)，通入渗碳气体(如煤气、石油液化气和丙烷等)或易分解的有机液体(如煤油、甲苯和甲醇等)，在高温下通过反应分解出活性碳原子，将活性碳原子渗入工件表面的高温奥氏体中，并通过扩散形成一定厚度的渗碳层，如图 4-3 所示。

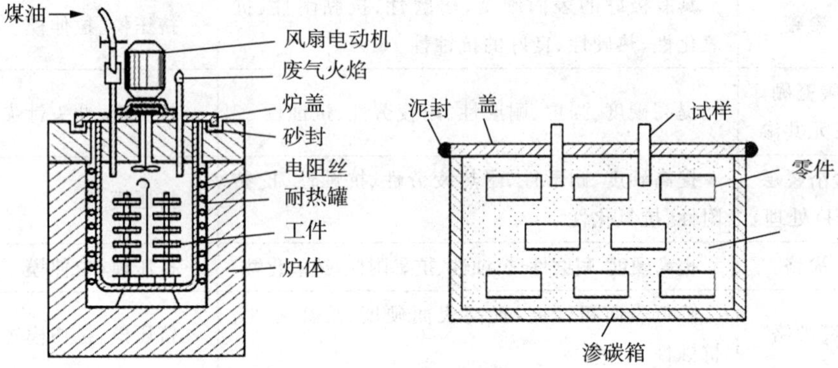

图 4-3　渗碳工艺

② 固体渗碳

固体渗碳是指在渗碳箱中放入渗碳剂及零部件，封闭一段时间，完成渗碳。

(2)渗氮(氮化)

① 离子渗氮

离子渗氮的主要特点：渗氮速度快，生产周期短；渗氮层质量高；工件的变形小；对材料的适应性强。

部分模具钢的离子渗氮工艺与使用效果见表 4-4 所列。

表 4-4　部分模具钢的离子渗氮工艺与使用效果

模具名称	模具材料	离子渗氮工艺	使用效果
冲头	W18Cr4V	500℃，6h	提高 2～4 倍
铝压铸模	3Cr2W8V	500℃，6h	提高 1～3 倍
热锻模	5CrMnMo	480℃，6h	提高 3 倍
冷挤压模	W6Mo5Cr4V2	500℃，2h	提高 1.5 倍
压延模	Cr12MoV	500℃，2h	提高 5 倍

② 气体渗氮

经过气体渗氮后，钢表面形成一层极硬的合金氮化物。渗氮层的硬度一般可达到 68～72HRC，不需要再经过淬火便具有很高的表面硬度和耐磨层，而且还可以保持到 600℃～650℃而不明显下降。渗氮后钢的疲劳极限可提高 15%～35%。这是由于渗氮层的体积增大，使工件表面产生了残余压应力。渗氮后的钢具有很高的抗腐蚀能力。渗氮处理后，工件的变形很小，适合精密模具的表面强化。

部分模具钢的气体渗氮工艺规范见表 4－5 所列。

表 4－5　部分模具钢的气体渗氮工艺规范

牌号	处理方法	渗氮工艺规范				渗氮层深度/mm	表面硬度
		阶段	渗氮温度/℃	时间/h	氨分解率/%		
30CrMnSiA	一段	—	500±5	25～30	20～30	0.2～0.3	>58HRC
Cr12MoV	二段	Ⅰ	480	18	14～27	≤0.2	720～860HV
		Ⅱ	530	25	36～60		
40Cr	一段		490	24	15～35	0.2～0.3	≥600HV
	二段	Ⅰ	480±10	20	20～30	0.3～0.5	≥600HV
		Ⅱ	500±10	15～20	50～60		
4Cr5MoV1Si	一段	—	540±10	12	30～60	0.15～0.2	760～800HV

(3)碳氮共渗与氮碳共渗

气体碳氮共渗的主要特点：

① 共渗层的力学性能综合了渗碳和渗氮的优点；

② 碳氮共渗使共渗层奥氏体的温度降低；

③ 氮的渗入使共渗层奥氏体的稳定性提高，渗层的淬火性提高，这样共渗后除可以用冷却速度较缓慢的介质进行淬火而减少变形外，还可以用较便宜的碳素钢代替低合金钢以制造某些模具；

④ 气体碳氮共渗的速度大于单独渗碳或渗氮的速度，缩短了生产周期；

⑤ 气体氮碳共渗所用的温度常采用 560℃～570℃，时间为 2～3h。

与气体渗氮相比，低温气体氮碳共渗的特点有：

① 渗入温度低，时间短，工件变形小；

② 不受钢种限制，碳钢、低碳合金钢、工具钢及不锈钢等材料均可进行低温气体氮碳共渗；

③ 能显著提高工件的疲劳极限、耐磨性和耐蚀性；

④ 共渗层硬而具有一定的韧性，不易剥落。

(4)渗硼

渗硼可分为气体渗硼、液体渗硼和固体渗硼。部分模具渗硼的强化效果见表 4－6 所列。

表 4－6　部分模具渗硼的强化效果

模具名称	钢　号	淬火、回火态寿命	渗硼态寿命
冷冲裁模	CrWMn	0.5 万件	1 万件
热挤压模	30Cr3W5V	100 h	261 h
热锻模	5CrNiMo	0.5 万件	1 万件
热锻用冲头	55 Ni2CrMnMo	100 h	240 h
连杆热成形模	5CrMnMo	2 万件	6 万件
冷镦六方螺母凹模	Cr12MoV	0.5 万件	6 万件
冷轧顶头凸模	65Mn	0.4 万件	2 万件

4.6.2　涂镀工艺

(1)电刷镀

电刷镀工艺如图 4－4 所示。

主要特点：镀层质量高；不受镀件、模具形状和大小的限制，设备简单，工艺灵活，操作方便，可在现场作业；可以进行槽镀困难或实现不了的局部电镀；沉积速度快，生产率高；操作安全，对环境污染小。

(2)热浸镀

热浸镀简称热镀，是指将基体金属浸在熔融状态的另一种低熔点金属中，在其金属表面发生一系列物理和化学反应，从而形成一层保护膜的

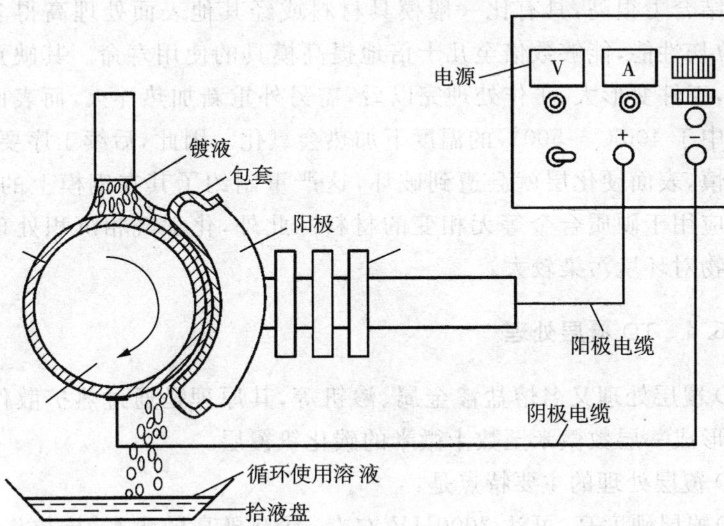

图 4-4　电刷镀工艺

方法。

热浸镀工艺分为镀前表面处理、助镀处理、热浸镀和镀后处理 4 个基本工艺阶段，主要工艺流程为：预镀件碱洗→酸洗→水洗→稀盐酸处理→水洗→溶剂处理→烘干→热浸镀→镀后处理。其中，溶剂处理是该工艺的重要环节，是提高镀层质量、防止漏镀的关键。

4.6.3　气相沉积

表面超硬化处理分为化学气相沉积、物理气相沉积、物理化学气相沉积、TD 覆层处理。这几种表面处理的共同特点是都可以在工件表面形成 2000HV 以上的硬化层，并具有极高的耐磨抗咬合等性能。实践证明，化学气相沉积、TD 覆层处理技术是目前解决工件拉伤效果最好的方法。经物理气相沉积和物理化学气相沉积的工件，虽然其表面硬度也可达到 2000～3000HV，甚至更高，表面硬化层也具有极高的耐磨、抗拉伤性能，但由于其膜基合力较化学气相沉积和 TD 覆层处理差距较大，往往在使用过程中过早脱落，发挥不出表面超硬化层的性能特点。因此，这两种方法除在负荷较小的情况下有可能具有效果外，一般的成形类模具很难有满意的效果。

化学气相沉积的碳化钛或碳氮化钛之类的材料具有极高的硬度，加上其膜基结合力很高，具有比一般模具材料或经其他表面处理高得多的耐磨性、抗拉伤性能，能够数倍至几十倍地提高模具的使用寿命。其缺点是处理温度高，工件变形大，工作处理完以后，需另外重新加热淬火，而表面沉积层在空气中于400℃～500℃的温度下加热会氧化。因此，后续工序要求严格，稍有不慎，表面硬化层就会遭到破坏，这严重制约了其在钢模上的应用，使其主要应用于硬质合金等无相变的材料。此外，化学气相沉积处理过程中的排放物对环境污染较大。

4.6.4 TD 覆层处理

TD 覆层处理又名熔盐渗金属、渗钒等，其原理是通过热扩散作用在工件表面形成一层数微米至数十微米的碳化钒覆层。

TD 覆层处理的主要特点是：

(1)覆层硬度高，可达 3000HV 左右，具有极高的耐磨、抗拉伤、耐蚀等性能；

(2)由于是通过扩散形成的，所以覆层与基体具有冶金结合，这点对在成形类模具上的应用极其重要；

(3)TD 覆层处理后可以直接进行淬火，这点特别适合于各类模具钢材；

(4)TD 覆层处理可以重复进行。

大量实践证明，在成形类模具上采用该技术具有其他表面处理无法比拟的使用效果，在一些场合具有比硬质合金更好的效果。由于 TD 覆层处理技术的设备相对而言比较简单，成本较低，无公害，目前该技术在日本、美国等都已得到广泛的应用。我国于 20 世纪 70 年代即已开始研究该技术。通过数十年的科研和实践，该技术已达到长期稳定的生产要求，并已成功应用到汽车、家电、五金、制管、冶金等行业的拉伸、弯曲、翻边、冷镦、粉末冶金等类模具上，并取得了极优的使用效果。

第5章　汽车冲压模具钳工工艺

随着汽车行业的不断发展，机械加工精度也在不断提高。但是，汽车模具调试仍依靠大量的钳工工作。相对于机械加工，钳工工艺加工更加灵活。汽车模具钳工在掌握划线、锉削、钻孔等技能外，还要掌握模具知识，识别模具结构，制定模具加工工艺。零件加工完成后，能够根据加工出的产品质量，对模具进行质量提升。

5.1　钳工工作准备

(1)机械加工面、精加工面以及铸件面的尖角部分都要进行倒角，这一倒角是考虑到模具的美观及作业安全性，以表5-1所列的标准用砂轮机进行打磨。

表5-1　倒角打磨标准　　(单位:mm)

部　位	角　度
一般精加工的拐角处	$C2\sim C3$
组装座面上	$C1\sim C2$
组装座入口	$C5$ 以上
模具底面外周	$C3\sim C5$
模具底座内周	$C2\sim C3$
镶块钢材及部件组立座	$C2$ 以上
螺栓的组装孔及定位销的掏空孔	$C1\sim C2$

注:钢材等的背托面、表面有大面积需倒角时，为防止倒角过大看到间隙，稍微用锉刀锉掉毛刺即可。

(2)若有特殊要求(特别是组装座)不可以进行打磨时，要按照模具制作统一式样书实行，另外也需注意外观问题。

5.2 砂轮作业

5.2.1 工具选用

(1)砂轮作业开始前，先看好制件图、加工要领图及模具图纸，把握好制件形状及模具的机能面。对于特殊的外板件拉延模的形状变化(车型线的变化和 R 角的变化)，内板件的细小的型面(段差与料厚一样的浅形状)要注意。

(2)数控机加型面，加工后走刀面的步距为 0.7mm，用砂轮机切削时要保证切削量为 0.1mm，避免过多切削。

(3)切削平且面积大的面时，根据情况区分使用金刚石砂轮片和精度较高的砂轮片。

(4)使用一般砂轮机时，尽量将带柄磨石的面贴近打磨面(如图 5-1 所示)。砂轮机切削时，角度保持在 1°～5°。值得注意的是，打外板面时砂轮机啃入型面是致命的失误。

图 5-1 砂轮机切削角度

(5)形状变化显著(复杂)的型面，使用轴径 3mm、6mm 的小型砂轮机，注意不要切到加工后波浪面的凹部。

(6)使用砂轮机时(如图 5-2a、图 5-2b 所示)，用砂轮机打磨走刀面采

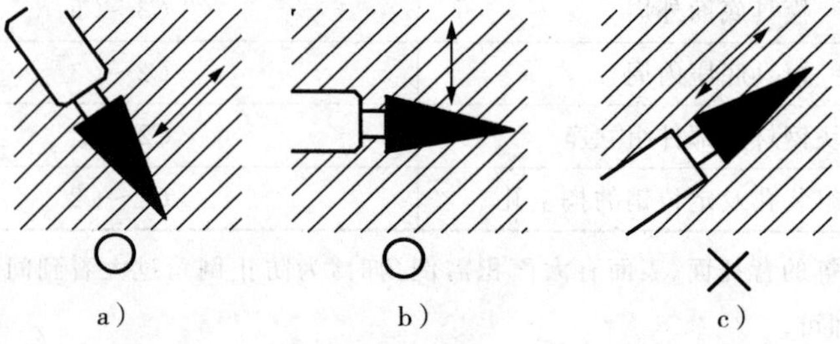

图 5-2 砂轮机打磨方向

用交叉切削面的方式，绝对不能像图 5－2c 所示的用砂轮平行走刀痕迹切削面。如果经常用粗磨石修砂轮片，则尽量加大砂轮片的切削面。

(7)对于凹 *R* 角，如与成形性及机能(修边模刃口附近等)无关并在 R10mm 以下的部位，为方便后面作业，应将这些角清掉。但注意不要将不该清的角清掉，因为这样会影响外表美观。

钨钢刀的使用如图 5－3 所示。

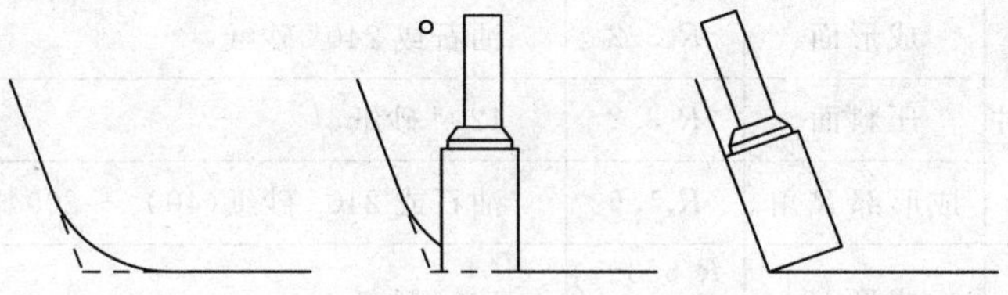

图 5－3　用钨钢刀清角作业

使用精细砂轮片或一般砂轮片如图 5－4 所示。

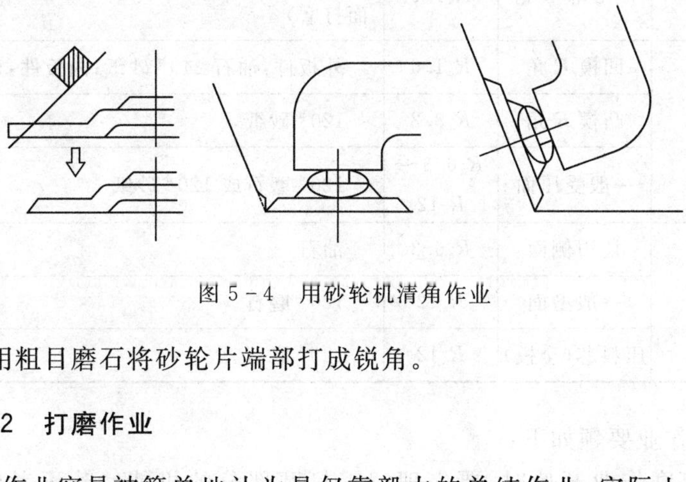

图 5－4　用砂轮机清角作业

(8)用粗目磨石将砂轮片端部打成锐角。

5.2.2　打磨作业

打磨作业容易被简单地认为是仅靠毅力的单纯作业，实际上这项作业的优劣左右了冲压件品质，所以需要一定的熟练程度。以往打磨作业在整个钳工制作中最花工时，很难缩短制作时间，其重要原因是机械加工精度、人工操作砂轮机的技术有待提高。现在，由于型面加工的数控化使加工精度提高，加工后走刀面步距达 0.7mm，同时因为用带金刚石的砂轮片的砂轮机磨加工后的面，使打磨作业时间大大缩短。同时，数控编程的制作方法和机械加工方法的改善可直接解决加工后的走刀面，但是机加工后的精加工面不能仅仅满足于与打磨的精加工面持相同水平，更要消除凸凹不平，使成形部顺利地精加工。可以说为了使模具成为美观并有价值的商品，打磨作业是必不可少的重要作业，今后此方面工时还有待改善、减少。

表面钳工精度(极限标准)见表 5-2 所列。

表 5-2　表面钳工精度　　　　(单位:mm)

拉延	外板件	成形面	$R_a3.2$	油石或 240# 砂纸
		压料面	$R_a3.2$	120# 砂纸
		成形部 R 角	$R_a1.6$	油石或 240# 砂纸(400# ～800# 镜面打磨)
	内板件	成形面	$R_a6.3$～R_a12	120# 砂纸
		压料面	$R_a3.2$	120# 砂纸
		成形部 R 角	$R_a1.6$	240# 砂纸(难成形部件用 400# ～800# 镜面打磨)
翻边		凹模 R 角	$R_a1.6$	外板件:油石 240# 砂纸;内板件:120# 砂纸
		凸模 R 角	$R_a3.2$	120# 砂纸
		一般受压面	$R_a6.3$～R_a12	120# 磨石或 120# 砂纸
修边		切刃侧面	$R_a6.3$	油石
		一般型面	R_a12	120# 磨石
		压料芯(全模)	R_a12	120# 磨石

打磨作业要领如下：

(1)打磨作业开始时，要先理解需打磨部分的机能。若不考虑打磨方法、打磨精度以及表面粗糙度进行作业，会影响制件，甚至会浪费工时，所以应先明确作业目的再进行作业。

(2)进行打磨作业时，应朝一定的方向来回并交叉打磨(如图 5-5 所示)。

(3)使用磨石时，尽量用磨石最大的面，双手稳住磨石打磨(如图 5-6 所示)。

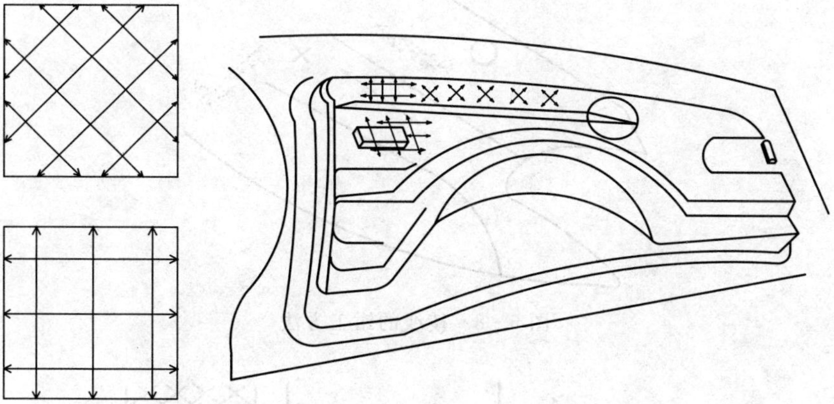

图 5-5　交叉打磨

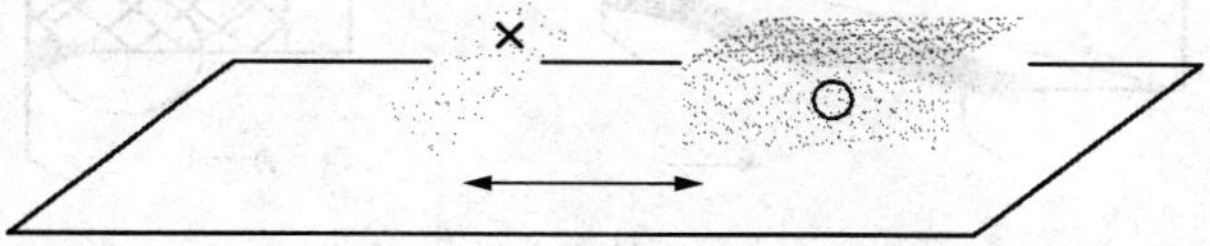

图 5-6　磨石的使用方法

(4)打磨棱线(车型线)部时,因为要去除成形面上的凸凹会将棱线错打成蛇形,所以并不是凭感觉做,而是需要没有凸凹的面,打磨方向与棱线平行以保证面与面交接的棱线没有弯曲不平(如图 5-7 所示)。

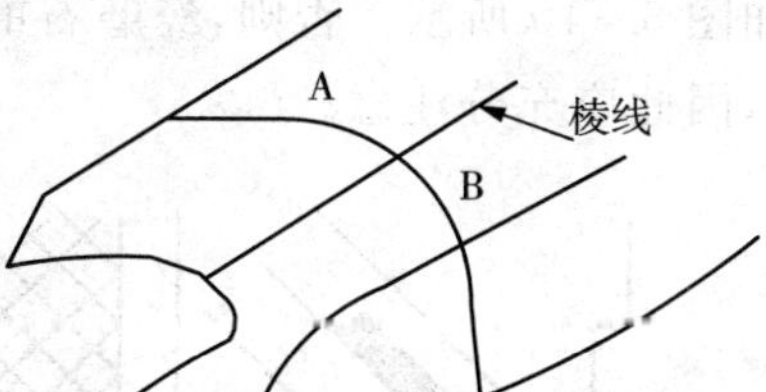

图 5-7　打磨棱线

(5)打磨棱线时,从垂直棱线的方向打磨一定不能超过棱线。棱线周围的地方最终要沿着棱线边来打磨,如图 5-8 所示。

(6)对于内板件较浅的型面,除用磨石打磨外,还可用带塑性磨头的小砂轮进行抛光。

(7)对于因淬火等热处理硬度较高的部分,打磨此处边界时要注意不要打磨过多,否则会碰到硬度低的地方(硬处与软处同时打磨会出现图 5-9 处的段差)。

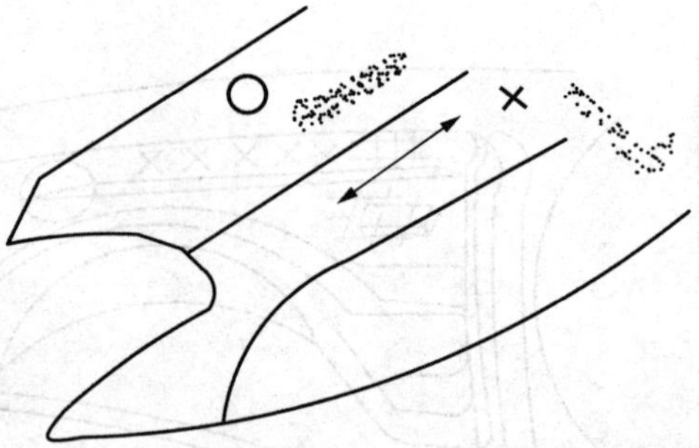

图 5－8　棱线的钳工方法

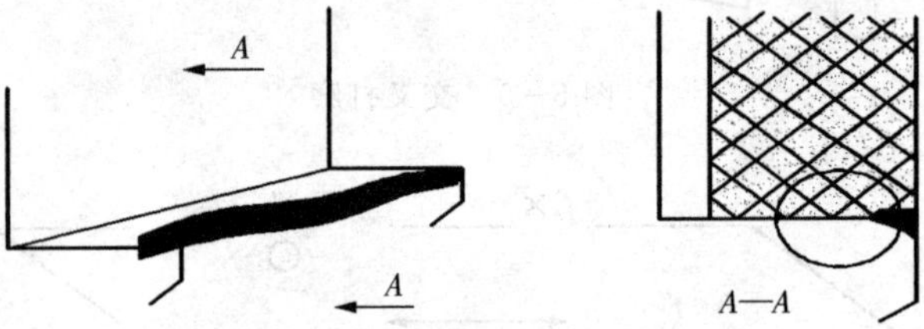

图 5－9　热处理部打磨作业

（8）进行切刃上面及侧面的钳工打磨时，打磨的磨石绝对不能超过刀刃口，如图 5－10 所示。否则，经磨石的磨耗会导致刃口塌陷，板件出现毛刺、塌陷，因此应充分注意。

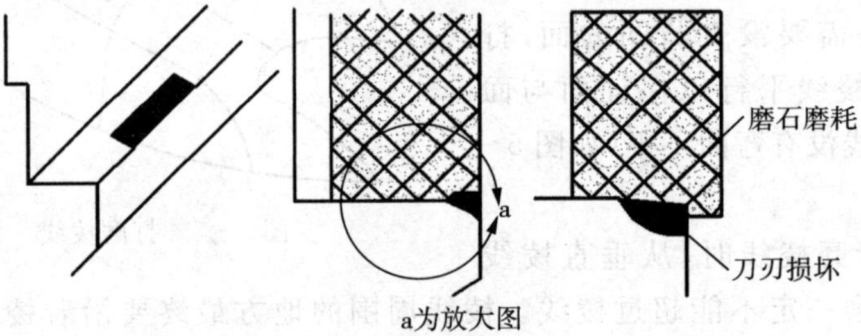

图 5－10　切刃部打磨作业

5.2.3　打磨 R 角作业

机械数控型面加工时，凸 R 根据制件中 R 角大小来加工，凹 R 最小需加工到 R3mm（因为现在机加工刀径最小为 ϕ6mm）。打磨 R 角作业时，一定要看制件图、加工要领和 R 角指示图。

(1)机能部的打磨 R 角方法

① 从制件图和加工图纸上读取制件的 R 角值。这时需确认尺寸是板内还是板外的，若 R 角被弄反则需补足料厚部分(注意：同一棱线上的 R 角也有变化)。

② 边用 R 规测边用砂轮机将 R 角磨到规定程度的一R0.5mm 公差左右，可参照表 5-3 打磨 R 角。根据此表将 α 角倒为 c 面，再将倒出 c 面上的角进行切削倒角。

表 5-3　R 的取值方法

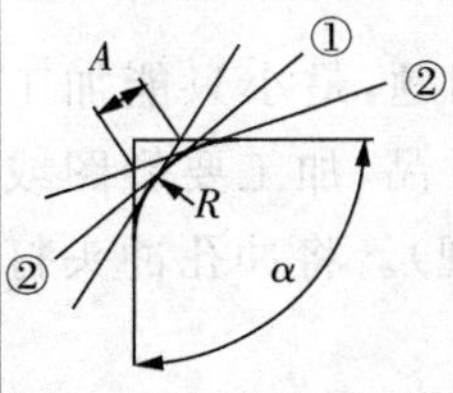	α	90°	120°	135°	150°
	A	0.8R	0.5R	0.4R	0.2R
	R6mm	4.8mm	3.0mm	2.4mm	1.2mm

③ 砂轮机切削部用锉刀或磨石将其磨平，最终用砂纸顺着材料流向的方向将其打磨光顺。

外板件的 R 角，最重要的就是外观。首先，在打磨作业中要将构成棱线两个面的倒角光顺。其次，根据 R 角的大小，选择合适的锉刀。注意：不能将棱线磨乱，并在最后用 240# 砂纸打磨。

如果面精度不好、棱线弯曲，则不管 R 角打磨到多光顺，外观也不会好看；对于新制作模具中 R 角的打磨，为将加工后走刀面打光，尽量避免用砂轮机打磨；对于内板件，锉刀打过后，用带磨头的短柄砂轮机进行抛光打磨也可以，最后用 240# 的砂纸顺着材料的流向方向打磨。但成形困难的地方用 400# ～1000# 的砂纸进行镜面打磨。

(2)机能部以外 R 角的打磨方法

① 根据制件图、加工要领图所示的 R 角加大 R1～R2mm，为研合板件时减少工时。成形部附近的地方要注意成形时板件有连着崩裂的情况。

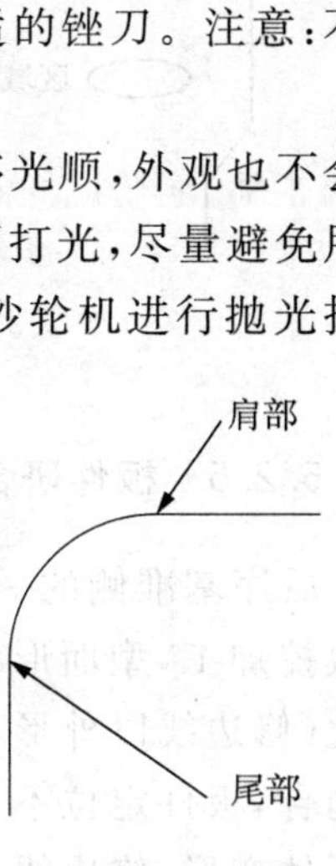

图 5-11　R 角打磨

② 打磨成形 R 角时(如图 5-11 所示)，肩部

和尾部在钳工打磨时应注意打磨成光滑的 R 角。

5.2.4 切刃部钳工作业

(1)因为修边模(包括冲孔)的基准侧钳工基本上没有需要成形的部位，所以根据前序的板件来研合，把板件的形状研到位。特别是冲孔的打入孔，加工过的部位很难把握形状，所以参考前序或后序(成形部以外)的模具和制件图、加工要领图进行研合板件，打磨基准侧。冲孔处多或是形状复杂时，为冲头编制专用的数控程序，在机加进行精加工。

(2)对于成形部、凹 R 部的清角在前面已说明过，修边线上的凹 R 形状一定要跟板件的形状吻合(因为板件会变形)。

(3)对于修边线上的凹部，由于机加工刀具直径的问题，最小只能加工到 $R3$mm(参照图 5-12 所示刀径最小 $\phi 6$mm)，根据制件品、加工要领图或非基准侧确认之后再进行钳工(因为凸 R 通过加工可实现)。将冲孔冲头打入本体之前，一定要确认是否打过通气孔。

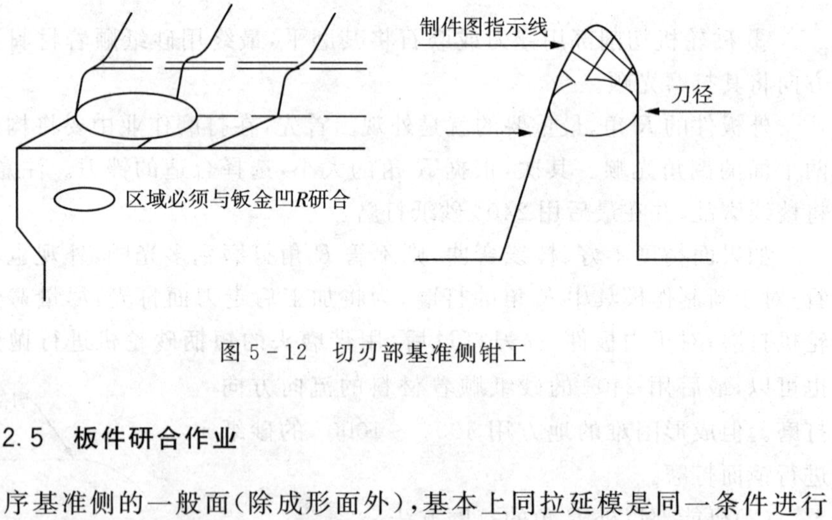

图 5-12 切刃部基准侧钳工

5.2.5 板件研合作业

后序基准侧的一般面(除成形面外)，基本上同拉延模是同一条件进行了数控加工，型面形状应该是相同的。由于反弹，拉延调试中会引起形状变化(修边线以外形状变更，R 角变更)等情况。若前序板件形状与基准侧不吻合，板件定位不会稳定，有晃动现象。如果就这样进行冲压加工，会发生板件变形，修边线、翻边线、冲孔不稳定，移位，不能保证精度。后序基准侧的一般面(除成形部机能面以外)由前序板件研合时,为板件制作定位以防止移位。

作业标准:

① 研合板件开始时,最好准备 3 张打好 C/H 孔的前序板件,其中一张作为确认用。请保管好不要用于研合板件,这是因为经过几次反复研合后板件会变形。

② 板件研合作业最重要的是定位板件。模具制作时就以 C/H 孔为基准研合。

③ 在板件上涂上红丹,用砂轮机在侧壁及 R 部切削,直到使机能面(切刃、曲刃、冲孔周围)完全贴合为止。这是因为要切削掉红丹的部分,将板件盖在模具上的硬点处,与板件真正贴到的地方不要弄混,一边比较板件与模具一边作业。

不管何时,研合板件的基准都是 C/H 孔,外板件的修边模是以废料刀定位,所以切削时要注意。关于内板件,当制件形状较深时,注意不要将制件侧壁形状过切。

跟板件上 R 角相比,与机能面、定位没有关系的一般形状的 R 角可适当放至 $R1 \sim R2$mm 的程度(防止变形,提高作业性)。

当反弹量大时,用手将板件压至贴合为止(反弹量过大时应从拉延模下手)。

对于整形模,成形部以外部分基本与拉延模相同。板件一般面(成形线以外)研合时,会受到加压力的影响,因为形状会变形。如图 5 - 13 所示,给 A 部成形加压时,会影响 B 部,所以成形面附近至 R 角大小应该慎重地研合。

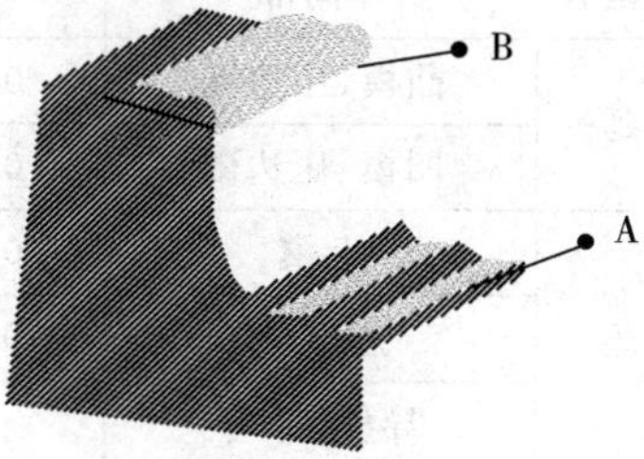

图 5 - 13　整形模板件研合

确认前序板件形状(成形工序)的深度是否到位。

C/H 是模具制作时的基准,研合板件后确认冲压前后的 C/H 孔是否偏移。如有偏移,再次研合板件调整位置或追加定位等。

5.2.6 模具导向调整作业

模具导向调整作业就是进行合模作业前，先确定模具导向部耐磨板的尺寸大小及打入导柱、导套的作业。

(1)导柱、导套的打入作业标准

① 用内径量表及千分尺测量导柱打入孔的尺寸，或根据机加的导柱孔测量表来确认。

② 确认打入孔在导柱直径的公差$^{+0.02}_{-0.03}$(单位:mm)范围内，拆下来时进行研磨。

③ 在将导柱打入之前必须确认模具图纸是不是需要加工防转销，如有必要在打入导柱前必须加工。

④ 将导柱放在冷却器中直至冷却到－180℃(液体氮或碳酸)，再将其打入孔径。

(2)强制导向模具的合模

耐磨板的尺寸:由上下模相对的导板加工面尺寸和耐磨板安装尺寸的公差见表 5－4 所列，根据导板部的间隙得出的尺寸研磨、组装有必要确认，机加工在考虑此间隙后再进行加工。

对于模具导板及导板间隙，用户会有一些指定的内容，在制作时需要注意；导板面在机加时发生的由刀痕产生的凹凸部分，有的用户会禁止用合金砂轮将其打平或进行抛光打磨处理，因此也应注意。

表 5－4　导板部的间隙　(单位:mm)

工序内容	导向部	间　隙	备　注
拉延	凸模、压边圈	0.05(±0.02)	如有附带剪切的情况，就以修边模为准
	凹模、压边圈	0.05(±0.02)	
修边	上模	0.03(±0.02)	如有附带剪切的情况，就以修边模为准
	压料芯	0.08(±0.02)	
	导柱、导套	H7/g6	
成形	上模、下模	0.05(±0.02)	如有附带剪切的情况，就以修边模为准；有偏压的情况，仅凸模、凹模受力侧为 0.02(±0.02)
	下模、下压料芯	0.08(±0.02)	
	上模、上压料芯	0.08(±0.02)	

5.2.7 非基准侧砂轮作业

机械加工后的走刀面，用砂轮机将其凸凹不平的面切削掉，以减轻后面研合型面的作业量。

(1)棱线部(设计的形状线)等机能处必须贴合的地方，用砂轮机切削多余凸 R 处。不需要贴合的地方，在砂轮操作时可预留 0.1～0.2mm 左右的量。

(2)在外板件被拉成形过程中，料片从凸模 R 处流向凹模 R 处发生变化的地方要进行冲压调整，研合时需十分注意。

5.3 模具研合

5.3.1 研合成形面

为了让冲压加工品得到必要的品质、精度，用经过钳工形成的基准型面(凸模)作为基准。

作业顺序：

(1)在基准型面上均匀地涂上一层很薄的红丹，先将用砂轮机打过的非基准侧(凹模)固定在下面，做好准备工作。

(2)用黏土确认平坦部的型面的切削量，并选择能保持平衡的几处，在无负荷的状态下分段进行，一边确认黏土情况，一边降基准侧直至研合的两面完全接触到。侧壁形状与弯角部型面最可能先贴合到，所以要注意操作，不要让基准侧受损。模具内残留的灰尘、切粉会导致模具型面上有削伤、凹陷，做外板件时要注意清扫后再降模具。

(3)基准面的形状接触到非基准侧的形状后，如贴到红丹，用黏土测出平坦面的间隙，再贴到红丹处切削掉间隙的量。

根据切削量和切削形状，即使没有硬点，有一些明显可以切削的地方，看好基准侧形状可以先行切削掉；机能面、料片贴近凸模的分界处及棱线部均要贴合到位，除此以外的面(不怎么重要的面)在研合过程中可以多切削一点，调整到 0.1～0.2mm 贴合即可；对于外板件，料片从凸模 R 处滑向凹模 R 处的变化过程中的贴合是很重要的。

(4)当达到 80%～90%的贴合率时，用合金砂轮片或短柄砂轮机打平，调整贴合。如图 5－14 所示，画斜线部分的研合率达到 90%以上时，面就不会有凸凹不平。最终棱线和机能等重要部分在冲压机床上进行研合调整。因为冲压机床也有因受重压而使工作台面出现凹陷状态的情况，所以对非基准侧的形状应先做预算。针对凹陷补正、硬点等，另制作编程处理。

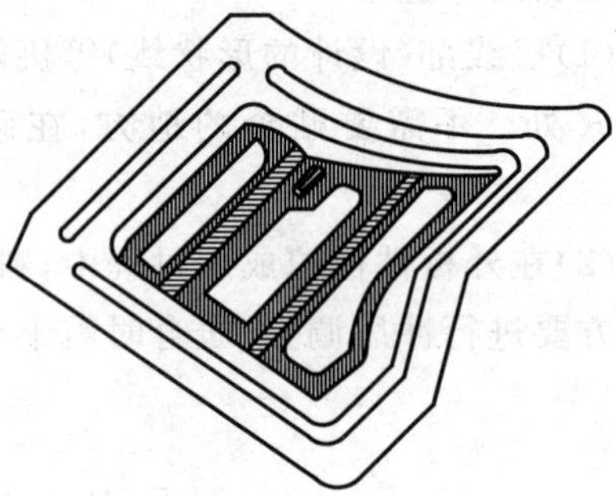
图 5－14　车门研合实例

5.3.2　扣料厚作业(型面)

对于模具底面的平行面，根据冲压方向，保证上模之间留有一个料厚量的间隙，即能确保料厚。但倾斜面及侧面，即便留有一个料厚量，也不能确保。这时为了确保料厚，用砂轮机沿着型面方向来回切削。这种作业就叫扣料厚。

作业顺序：

(1)与底面平行的平坦面，取与料厚相同厚度的钢板，选择四处平衡处放置。

(2)在侧壁面和倾斜面上，选择适当的间隙(每隔 50～100mm 处)放置铅条，上模施压下降，用游标卡尺和千分尺测量被挤压过后的铅条。在模具上适当切削，直至保证料厚量。用电动砂轮机打磨时，尽量避免造成面凸凹不平。

(3)用铅条扣料厚结束后，选择相当于料厚的钢板，涂上红丹并加压，切削掉接触红丹的硬点处。

在使用铅条扣料时，只有被压铅条处能确认出料厚。若使用钢板，能够在大范围内确认出红丹的贴合情况。但如在未正确扣除侧壁的料厚时突然用钢板进行扣料厚，有可能使基准型面受到压伤，请作业时尽量避免这点。反之，若过多使用铅条扣料厚，要考虑到效率较低。

扣料厚主要是在冲压机床上进行研合上下面，在合模压机上就确认料厚的状态，这是作业要领(如图 5－15 所示)。对于成形模的扣料厚，会直接影响冲压件是否会有反弹等影响精度的问题，尤其要注意。

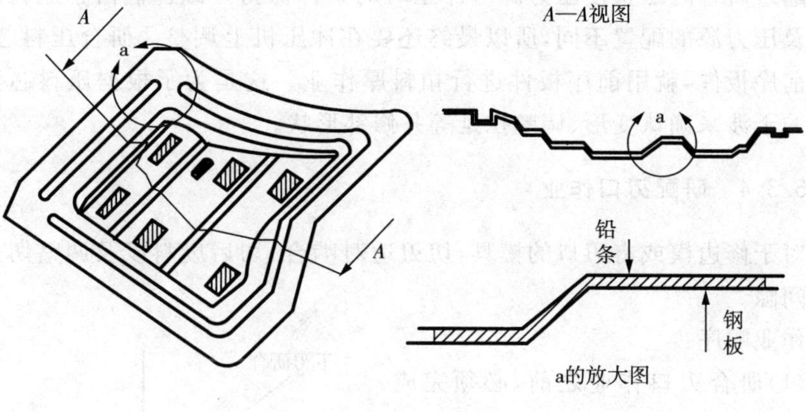

图 5－15　扣料厚要领

5.3.3　压料面的研合

(1)研合压边圈

压边圈是拉延模的构成部分。拉伸种类、拉延筋种类不尽相同，但基本上都是为了压住材料，调整材料的流向，并由这些调整来防止板件的叠料和开裂，拉张制件，以得到符合要求的品质和精度。因此，研好型面，调整好流料的方式，都是为了做好最初的基准作业。

贴合率要求：拉延筋内侧 90%，拉延筋外侧 80%，拉延筋外 50mm 以外作切削面。

作业顺序：研合成形面，以扣料厚的作业面为基准面。

(2)压料芯的研合

冲压加工时要压好板件，以一定条件为基准来冲压，能确保制件得到稳定的品质和精度。为防止加压使板件变形，既要使板件的加工面承受适当压力，又要使板件从凸模中取出时不会被卡。因为不管哪种模具，其加工部(机能部)与压料芯的贴合都很重要，若机能部以外有硬点，则会导致板件变形。但有的模具型面加工后，由于贴合面不够也会出现板件变形(或崩裂)的现象，如型面上加工范围少(相对来说逃空面就多)，压料芯就难以保持平衡。所以在合模作业前，要讨论确定贴合处、逃空处，以保证其平衡性。

作业标准：

以成形面的研合为基准，准备合模作业时，保证压料芯的压力源（弹簧、聚氨酯），研合时尽量使压力源与冲压时的条件保持一致。但由于压料芯的自重及压力源的配置不同，所以最终还要在冲压机上调整。研合压料芯时，如有前序板件，就用前序板件进行扣料厚作业。这是为了根据压料芯型面以外的干涉来确认变形、调整拉延等并修补形状。

5.3.4 研配刃口作业

对于修边模或有刃口的模具，切刃适时啮合、切后废料以及调整切刃适当的间隙。

作业顺序：

（1）研合刃口作业之前，必须完成废料刀部的让刀加工，即刃口下面全部走空刀（特别要注意弯角处）。研合刃口示意图如图 5－16 所示。

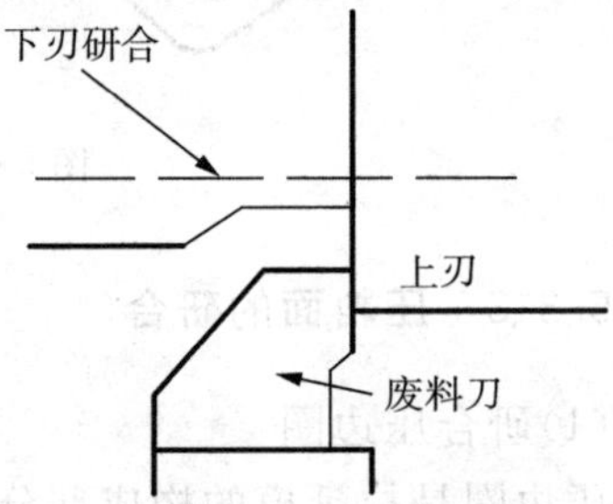

图 5－16 研合刃口示意图

（2）在凸模上涂上红丹，为了确认最先切入的地方（特殊的纵切部位），一边注意作业一边下降滑块，直到看到为止，并记下下降的位置（在机床上用调整设置机将下降所得位置固定）。之后上升滑块，在非基准侧（上刃）贴上黏土，作为切削时的依据（如图 5－17 所示）。

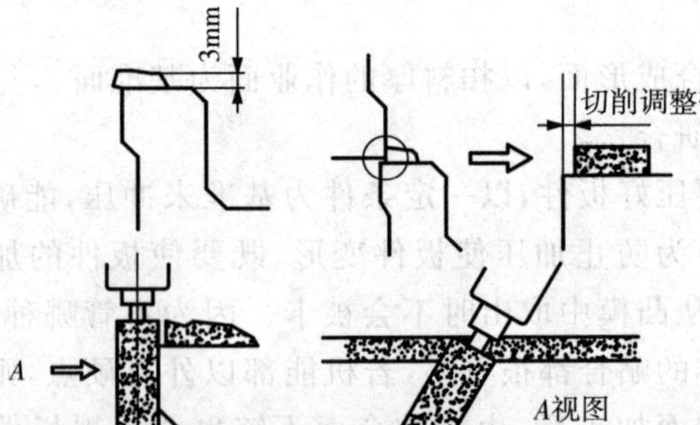

图 5－17 刃口研合作业要领

(3)下降滑块。根据前面调整最先切入处时的尺寸，降到刃口切入之前的位置，并以此为基准切削调整，也根据具体情况将滑块下降 0.3～0.5mm 左右，全周的刃口都切到之后，下降点可再降 0.5～1mm，直到降到下死点。

如果没有干涉问题，将平衡块拆下来，确认刃口垂直度的方法也可行，但随着机械加工精度的提高，这种方法已不怎么使用。切削时，要用照明(作业灯)，用灯光照亮切削处易作业。基准侧的刃偶然也有走空刀的时候，所以也要确认基准侧的贴合边作业。

(4)经常用粗磨石打磨短柄砂轮，在切削刃口时，观察并保证磨石垂直刃口再切削。这时，要考虑到砂轮机及磨石回转的方向，为了使切削粉和黏土碎片向下飞，砂轮机应靠切刃延长方向倾斜 70°左右。若反倾斜，切削粉，黏土碎片会弹上来，这样基准线就会立即消失。

(5)一直进行作业直到下死点为止，调整到适当间隙，在间隙小(有拉伤)处切削(见表 5-5 所列)。调整拉伤时，使用砂轮机不仅仅是一个方向的，要交叉着来回打磨，以尽量避免凹凸不平。间隙若过小、过大、不均匀(刃口不平)、刃口下侧未走空刀，板件就会产生毛刺、被拉回等现象，一定要注意作业。

表 5-5　刃口研合间隙

制件厚度 t(mm)	间隙(×料厚)	基于料厚的间隙(mm)
0.6～1.2	(6～8)%	0.6t　0.04～0.05
1.6～3.2	(8～10)%	1.6t　0.12～0.16
4.5～6.0	(10～12)%	4.5t　0.45～0.54
8.0～10.0	(12～14)%	8.0t　1.0～1.12

(6)调整完间隙后，切刃热处理要淬火时，需要拆一块下来进行淬火。刃口研合时，在仍有拉伤的状态下进行淬火，刃口可能碰伤，因此必须调整好间隙。淬火时，由于切刃受热膨胀，若直接将刃口连起来，或者接口处较紧，冷却下来后一收缩就立即发生间隙。

(7)淬火后，等热处理部分完全冷却，再安装淬火时拆下的刀块，修理热处理部分的变形。这是因为切刃在遇热膨胀时，局部的间隙会因此而变小。

必须注意由热而可能产生切刃等变形。

5.3.5 曲刃(翻边、凸模)研合作业

曲刃的研合基本上与扣料厚相似,以研合成形面扣料厚的方法为准。开始前,先用铅条检测以确认料厚的情况。

作业顺序:

(1)对于基准侧上加工后留下的起刀痕边,以先用砂轮机打平、再用120#的磨石及油石打磨的顺序来进行。

(2)非基准侧先用砂轮机将走刀痕迹削平,弯角部分刃口下面全部垂直走空刀。现场的数控轮廓加工中,与制件料厚没有关系的部分都预留0.1mm的调整量。

(3)在基准侧上涂红丹进行合模作业。下降滑块,翻边线的弯角处因机械加工的原因不能完全保证间隙无误,所以一定要在合模前用黏土。检查黏土时,注意有无因干涉而破损的地方,进而确认料厚的情况。

(4)与扣料厚作业不同的是,研合时没有形状平坦的基准(型面内设置与料厚相当的钢板的平面)。从模具外面更容易确认料厚,翻边处是一条直线的话,用塞尺就可以测到料厚间隙(降到下死点,确认时要用平衡块)。

(5)利用钢板扣料厚时(如图5-18所示),*A*、*B*、*C*、*D*线的各个方向都要承受模具从侧面而来的荷重,所以要考虑到怎样留料厚才能使四边保持平衡,从而不至于偏到一个方向。

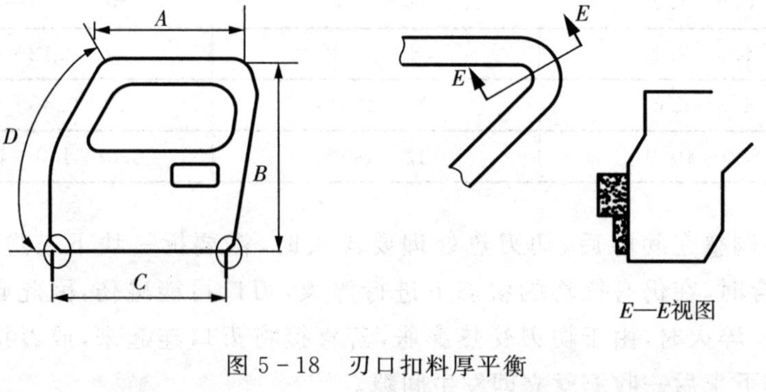

图5-18 刃口扣料厚平衡

主要作业要点:

(1)翻边有拉伸翻边部与收缩翻边部,因前者会出现开裂,后者会有起

皱、叠料等问题，所以有必要调整，适时地翻下来。作基准的方法，拉伸翻边是从后开始翻，吸收余料；收缩翻边是从余料初翻，再延伸向其他地方，考虑适时翻边。

(2)翻边处间隙如留得太小，生产时会有刮伤、拉伤，所以要确认是一个料厚的间隙。间隙如过大，又会导致翻边面的起皱，翻边线、翻边处 R 角不清晰。考虑到以上问题，间隙一定要适当，不要过大也不要过小。

5.3.6　冲孔定位作业

(1)作业顺序

冲压方向的上模冲孔安装座上，以 A 孔为直径 ϕ6mm 的冲孔，B 孔为直径 ϕ4mm 的定向孔为例。要冲圆孔时，在 A 部加工 ϕ6mm 的冲孔及锁固定块用的攻丝孔。异形孔时，A 孔与 B 孔部 ϕ4mm 的定向孔及锁固定块的攻丝孔一并加工。侧冲时，在冲头安装座上不是加工锁固定块的攻丝孔，而是预钻攻丝中心孔，所以有必要先确认图纸或附图中的攻丝孔径。

(2)圆孔定位要领

理论上使用铝管(ϕ6mm 的定位销)用螺栓锁紧冲孔 ϕ6mm 的中心孔。在冲头的顶部涂上红丹，慢慢下降压力机滑块(如没有异常情况就降至下死点)，确认冲头与凹模套中心是否有误差。

(3)异形孔的定位要领

基本上还是在 ϕ6mm 的冲头中心孔上用铝管(ϕ6mm 的定位销)及 ϕ4mm 的定向孔的定位销来锁螺栓。

(4)其他冲孔定位要领

① 冲孔定位作业开始前，要定好作业的顺序(顺序一旦搞错，定好位的地方可能因拆卸要重新再做一次)。

② 必要的工具及合模机的操作开关要准备好，随手可取，一次下降滑块至下死点，确认冲孔定位时作业空间。

③ 将滑块上升至冲头与基准侧配合到的位置，注意固定块的朝向，以配合插入基准侧并借助绳子来支撑。

④ 一边观察周围的情况一边下降滑块，要注意安装组附近高度不同的冲头安装座和切刃没有干涉。在确认过是否有安装座高度问题后再降至下死点。

⑤ 解开支撑固定块的绳子，将螺栓拧紧 2～3 圈，确认螺栓位置与固定块底面紧密靠着安装座面，尽量用一只手按住固定块来锁螺栓（锁紧时不用钢管，用扳手即可）。

⑥用手试触摸冲头切入部分附近，慢慢将模块上升至切入部分刚好分开为止。这时，确认冲头是否有像裂开一样的声音，用手确认有无晃动。如果冲头晃动，再重新做一遍。

⑦ 手离开冲头，让滑块升到顶部，确认红丹的贴合，用一只手触摸孔，一边确认移动量，一边用锤子轻敲固定块来调整。

⑧ 再次在冲头上涂上红丹，将滑块降到下死点，反复调整直至冲头偏到一边的情况消失，最后用扳手牢固地锁紧螺栓。因为冲头定位是合模中最危险的作业，严格地遵守具体安全作业是非常重要的。

5.3.7 废料刀定位作业

(1)作业要领

废料刀决定冲压加工时废料处理的好坏，废料的大小将影响是否容易被切断及模内的板件（外板件）的定位能否充分发挥其机能，放好的板件研合时需注意废料刀的位置。废料刀的基本构造如图 5－19 所示。

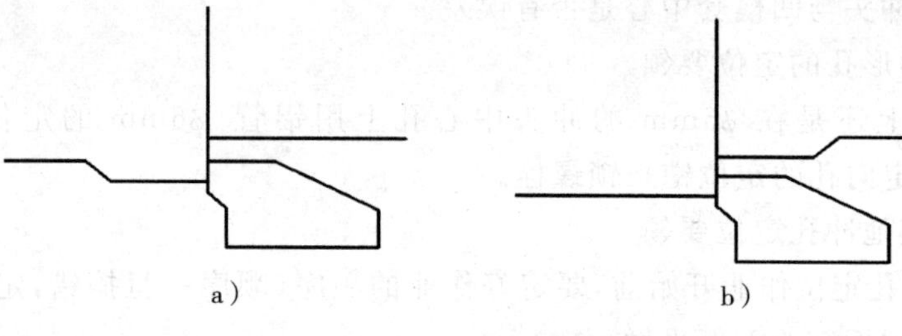

图 5－19　废料刀的基本结构

(2)未加工型面时废料刀的定位作业

① 对于上刃，自左边起第二个、第五个切刃处有干涉，将这两处切刃拆下来，进行废料刀处逃料加工（如图 5－20 所示）。上刃的分割处较多，根据废料刀的配置，要充分讨论定位的顺序。

② 合模(S/P)作业中滑块降到下死点时，以上刃为基准来研合，并调整废料刀的位置。

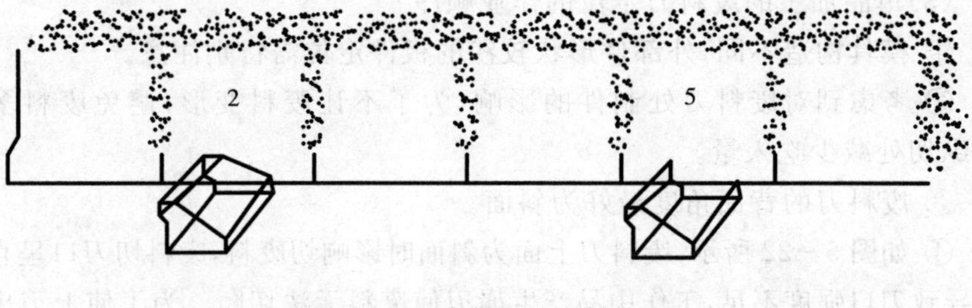

图 5-20 废料刀处逃料加工

③ 用 502 胶固定废料刀，上升滑块，在组装座上画出废料刀的轮廓，画出锁固螺栓的孔位并进行攻丝加工。

④ 攻丝加工后，清扫干净废料刀底面、组装座面、攻丝孔，照画好的位置安装废料刀，锁紧螺栓，加工好比正规尺寸小的定位孔并打入定位销，一并进行数控型面加工。

⑤ 型面加工完后，将废料刀拆下来用砂轮机打磨数控加工后的走刀面。

⑥如图 5-21 所示，头部 a 按照图纸中尺寸来切削，即将 b、c 部进行逃空，使废料能顺利落下。

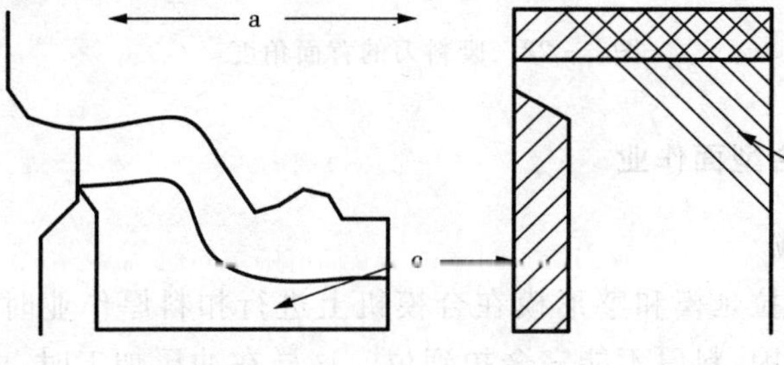

图 5-21 废料刀逃料加工策略

⑦ 废料刀进行淬火并打磨。

⑧ 在进行合模作业时，将滑块降至下死点，考虑切刃间隙，以上刃为基准，研合下刃并进行定位。

⑨ 将图 5-20 中作业拆下的刃口 2、5 再安装起来，确认与废料刀是否有干涉，以确保放板件的位置，然后按正规尺寸加工定位孔。

⑩ 最后根据件来研合型面，调整配合上刃。

(3)单品加工的废料刀定位的作业顺序

① 模具构造不同,外部件形状较浅的板件定位需特别注意。

② 考虑到对废料刀处制件的影响,为了不让废料变形,避免废料多堆积,纵切处减少吃入量。

③ 废料刀的背面角度最好为斜面。

④ 如图 5-22 所示,废料刀上面为斜面时影响切废料,废料切刀口呈直线状,导致刀口强度不足,工作中易产生崩刃使废料无法切断。为了使上刃更容易切下来,废料刀最好加工成 90°,并设计为 1mm 平面刀口则为最理想状态。

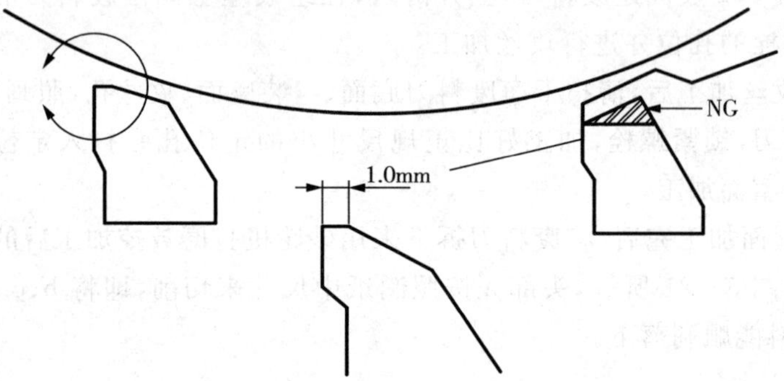

图 5-22 废料刀的背面角度

5.3.8 研合型面作业

(1)作业要领

成形量大的拉延模和整形模在合模机上进行扣料厚作业时,由于合模机压力不够等原因,料厚不能完全扣到位。这样在冲压加工时,由于材料被拉张,料厚发生微小的变化,会导致机能面研合率不良、凸凹不平、棱线扭曲等问题发生。为解决这些问题,只有在有加压能力的冲压机床上使用板件研合,以确保拉伸深度,消除凸凹,进行扣料厚和研合型面的轻微调整。

(2)作业顺序

① 合模机床上的作业结束后,进行 R 角作业(打磨面时要保证 R 角打到必要的范围即可)。组装模具,调整拉伸状态,并打出件供冲压机床研合时使用。

② 为了使非基准侧容易切削,可将凹模反置,使用板件扣料厚和研合型面,把握好冲压加工时的凸模 R 部,集中机能面的贴合。

③ 在凸模和板件的一侧(与凹模接触的一侧),或是在板件两侧全部涂上红丹(凸模上不用涂),在加压、放入板件时,凸凹模 R 角需特别注意,未扣到料厚处的红丹需进行切削调整。料厚未扣除或贴合过紧的面,一定要在上下模同样的地方附红丹。

④ 在压机上研型面时,打磨研合重要的部位(棱线周围、凸凹模 R 角周围)。研合完成后,重要部位仅需用砂纸再磨一遍,如用磨石会改变好不容易才调整好的贴合状态。

5.4　非基准侧的钳工(凹模侧钳工)

5.4.1　拉延模

① 预压面:120# 磨石→120# 砂纸打磨。

② 外板件成形面:120# 磨石→240# 砂纸钳工。

③ 内板件成形面:120# 磨石→240# 砂纸钳工。

④ 冲压加工时,为了防止阻塞空气引起成形不良,在模具上加工透气孔,通常为 ϕ6mm,外板件的型面为 ϕ4mm,根据用户指定的加工,尽量避免在板件成形部打 ϕ6mm 的透气孔(在型面凸起部打孔,会在板件上留下孔印)。为防止灰尘落入,在上模安装 ϕ6mm 的管子(通气管)。

5.4.2　后序压料芯的钳工

(1)外板件

① 机能面:根据合模作业打磨→120# 砂纸。

② 一般面:120# 磨石→120# 砂纸。

(2)内板件

① 机能面:与外板件接触的特殊面(包边面),根据合模作业打磨→120# 砂纸。

② 一般面:80# ～120# 磨石→抛光打磨。

要避免明显有损美观的钳工,例如对砂轮机切削的痕迹直接进行抛光。

5.4.3 切刃部钳工

① 切刃研合时,不能确定是否清到位的直角要使用直角规测量,切削那些比刃口高出来的地方要垂直于刃口基准面。

② 相比钳工不良而导致不平的刃口,间隙稍大而刃口比较平滑的更容易切削制件。

曲刃的钳工操作:120# 磨石→120# 砂纸(翻边凸模上的 R 角必须打得很光顺)。

5.4.4 安装压料芯

在冲压加工过程中,要确认压料芯在 S/P 作业时与组装、调整的部件(切刃、曲刃、冲头、冲头座等)是否因干涉而受到损坏,并确认是否发挥到其机能作用并有足够的行程。作业内容分为 S/P 作业前的一次作业及 S/P 作业后、模具组立前的二次作业。

(1)安装压料芯的第一次作业顺序

① 计算单品加工的压料芯和上模导板面的加工尺寸的差,参考模具导向调整作业中的导板面的间隙来研磨耐磨板。机械加工进行充分考虑间隙再加工的,也要确认。

② 在装耐磨板时,目视可能有干涉的地方(凸起的)涂上红丹,研合上模和压料芯。按图纸所指示的尺寸,一边确认与上模有无干涉,一边降滑块。给压料芯加工基准面上的平衡块涂上红丹,以下死点为准。

和上模干涉时,要考虑到结构强度对机能部的影响及加工的难易度等,判断逃空部分的加工。同时,还要预测是否还有其他干涉部分,并一起进行逃空加工。

③ 降到下死点的位置时,组装侧销或安全螺栓,确认压料芯是否按图纸所示的行程。对于冲头座应如图 5-23 所示进行逃空,压料芯在下死点状态时用游标卡尺测量压料芯的冲头逃空孔到座的高度,确认冲头配合没有问题,保证在合模作业中可以定位(S/P 操作前应确认冲头座,预先考虑不良对策,使作业能顺利进行)。

(2)安装压料芯二次作业

① 合模作业前,定过位的冲头、固定块之类,全部要加工好定位孔,并打

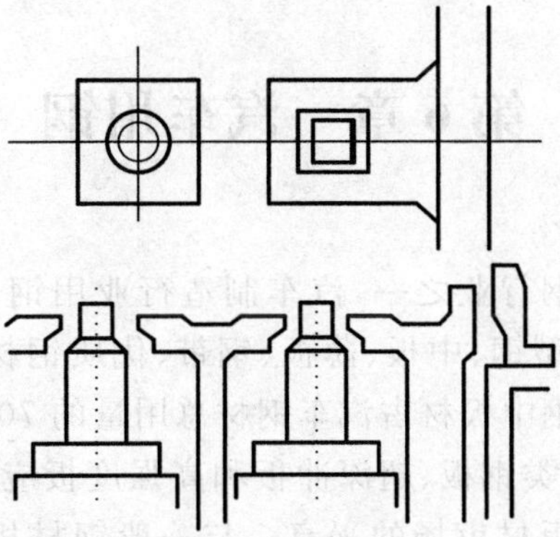

图 5－23　冲头座逃空

入定位销；将压料芯放入模具时要注意不碰撞、不干涉且不偏移；有干涉时，要保证压料芯是能取出的状态。

② 将合模作业中组装的部件涂上红丹，压料芯慢慢下降（并确认是否有干涉）至下死点。如有干涉，用油漆笔标出需逃空的范围。拆下干涉的部件，继续作业至下死点，再一并加工干涉部分。逃空部分加工完成后，再组装原来拆下的部件并确认加工是否到位。

③ 确认切刃和曲刃关键部分的间隙是否合适。冲头周围的压料面，若留间隙过多，会导致冲过的孔边被冲头带回翘；若留间隙过小，压料芯与冲头易破损，所以要慎重调整。

④ 安装作为压力源的弹簧、聚氨酯时，装入压料芯后，要确认侧销能否顺利插入。

第6章　汽车用钢

作为我国重点用钢行业之一，汽车制造行业用钢占我国总体钢材消费的比重为7%～8%。型钢、中板、薄板、钢带、优质钢材、钢管等品种被应用于汽车制造。汽车用钢中板材占汽车钢材总用量的70%以上。汽车车身主要用冷轧板，其中深冲类钢板、超深冲板和高强度板应用较广。汽车行业的发展将直接影响国内板材市场的兴衰。与一般钢材相比，汽车用钢技术含量更高，对生产设备和工艺水平的要求更高，前期投入巨大。因为汽车用钢为高附加值产品，且需求量大、价格高、市场前景好，所以世界各主要钢铁企业将汽车用钢材、钢板列为最重要的开发、生产产品。

6.1　汽车用钢材分类

汽车用钢板从生产工艺特点划分为热轧钢板、冷轧钢板和涂镀层钢板；从强度方面可划分为普通钢板（软钢板）、低合金高强度钢板（HSLA）、普通高强度钢板（高强度 IF 钢、BH 钢、含磷钢和 IS 钢等）和先进高强度钢板（AHSS）等。在以强度划分的钢板中，前两类钢种目前国内外应用均已趋于成熟，第三类钢种在国际上已批量商业化应用，国内也处于研制、试用（IS钢）和推广应用阶段，第四类钢种在国际上处于研制趋于成熟和推广应用阶段，国内尚处于研制起步阶段。

本节主要介绍按工艺生产分类的热轧钢板、冷轧钢板和涂镀层钢板。

汽车用热轧钢板主要用在载货用商用车上，占全部消耗量的85%左右。其中，以中、轻型载货商用车的消耗量最大，占50%左右。中轻型商用车、微型车和轿车占热板消耗量的65%左右，是汽车热轧板消耗的主要车种，且对热钢板的质量要求也较其他车种高。轿车的消耗量虽较小，但对热轧钢板的质量要求较高。汽车热轧板的应用比例为19%。

汽车用钢板的其他分类方式如下：

① 按零件应用及用途可分为梁用钢板、车轮钢板、桥壳钢板、传动轴管

用钢板、弹簧钢板、不锈钢板、耐磨钢板等。

② 按表面供货状态可分为普通热轧钢板、热轧酸洗钢板、黑皮钢板及花纹钢板等。

③ 按成分、组织、工艺等冶金特征可分为碳素钢板(普通碳素钢板、优质碳素钢板)、低合金高强度钢板、双相钢板、TRIP 钢板、TWIP 钢板、贝氏体钢板、马氏体钢板、硅钢板等。

6.1.1　汽车热轧钢板

(1)碳素钢板

是指除磷、硫等杂质外,不含其他合金元素的钢。碳素钢的性能主要取决于含碳量。含碳量增加,钢的强度、硬度升高,塑性、韧性和可焊性降低。与其他钢类相比,碳素钢使用最早,具有成本低、性能范围宽、用量大等特点。

① 普通碳素钢板

对含碳量、性能范围以及磷、硫和其他残余元素含量的限制较宽。每个钢板牌号按质量可分为 A、B、C、D 不同的等级,最少一种,最多四种。代表牌号:Q235/SS400,常用于强度级别不高的汽车结构件及成形要求不高的冲压件。常用普通结构用钢力学性能见表 6-1 所列。

表 6-1　普通结构用钢力学性能(摘自 Q/BQB 303—2009)

牌号	拉伸试验(横向)						180° 弯曲试验 $b\geqslant35$mm 弯心直径
	上屈服强度(MPa) 公称厚度(mm)		抗拉强度(MPa)	伸长率(%)			
				$L_0=50$mm $B=25$mm	$L_0=200$mm $B=40$mm		
	≤16	>16		公称厚度			
SS300	≥205	≥195	330~430	≥26	≥21	≥26	1a
SS400	≥245	≥235	400~510	≥21	≥17	≥21	3a
SS490	≥285	≥275	490~610	≥19	≥15	≥19	4a
SS540	≥400	≥390	≥540	≥16	≥13	≥17	4a

② 优质碳素钢板

和普通碳素钢板相比,硫、磷及非金属夹杂物含量较低。根据含碳量不同，又称为低碳钢板（碳含量小于 0.25%），代表牌号有 SPHC、SPHD、SPHE、SPHF 等，具有很好的深冲性和焊接性。典型金相组织分别为铁素体＋三次渗碳体，铁素体＋少量珠光体。

在冷成形中，冷成形用热轧钢板因其良好的性能而被广泛应用，按用途可分为一般用、冲压用、深冲用和超深冲用，见表 6－2 所列。

表 6－2　冷成形用热轧钢板分类

用　途	特　点	牌　号
一般用	具有足够的延展性，适用于简单的成形、弯曲或焊接工艺	SPHC
冲压用	具有比一般用级别更大的延展性，适用于制造冲压成形及较复杂变形的零部件	SPHD
深冲用	具有比冲压级更大的延展性，适用于制造深冲压成形及复杂变形的零部件	SPHE
超深冲用	具有比深冲压级更大的延展性，适用于制造超深冲压成形和更为复杂的零部件	SPHF

常用冷成形用热轧钢板钢材性能见表 6－3 所列，因钢材有时效现象，一般保质期为 3～6 个月，所以应在保质期内尽快使用。

表 6－3　冷成形用热轧钢板力学性能（摘自 Q/BQB 302—2009）

牌号	拉伸试验							180°弯曲性能	
	抗拉强度（MPa）	断后伸长率（%）							
		公称厚度（mm）							
		＜1.6	1.6～2.0	2.0～2.5	2.5～3.2	3.2～4.0	＞4.0	＜3.2	≥3.2
SPHC	≥270	≥27	≥29	≥29	≥29	≥31	≥31	0*a*	1*a*
SPHD	≥270	≥30	≥32	≥33	≥35	≥37	≥39	—	—
SPHE	≥270	≥31	≥33	≥35	≥37	≥39	≥41	—	—
SPHF	≥270	≥37	≥38	≥39	≥39	≥40	≥42	—	—

注：① 表中所列拉伸试验、弯曲试验规定值适用于纵向试样。

② 拉伸试验采用 $L_0=50$mm、$b=25$mm 的试样，即为 GB/T 228 中 P14 试样。

③ 弯曲试样宽度 b 应不小于 20mm，仲裁试验时为 20mm。

③ 中碳钢板

碳含量为 0.25%～0.50%，代表牌号有 35、45 钢等，多用于汽车结构件，典型金相组织为铁素体＋珠光体。

(2)汽车结构用钢

可分为低合金高强度钢板和微合金化高强度钢板。

① 低合金高强度钢板：汽车用热低合金高强度钢板，也称为 F－P 型低合金高强度钢板，借助添加合金元素而使钢得以强化，主要强化机制有细晶强化、析出强化、固溶强化等。常用于强度要求较高的汽车结构件及成形要求不高的冲压件。

② 微合金化高强度钢板：目前通常采用低碳化、微合金化（通过添加 Nb、Ti、V 等合金元素）及控轧控冷路线的低合金高强度钢板和微合金化高强度、超高强度钢板，主要强化机制有细晶强化、析出强化、固溶强化等。目前，此类钢板主要用于强度级别高的汽车梁类零件及结构件。典型金相组织为铁素体＋析出碳化物＋少量珠光体（或少量低碳贝氏体）。

汽车结构用钢的常见应用见表 6－4 所列。

表 6－4　汽车结构用钢

用　途	特　点	牌　号
汽车结构用钢	用于要求成形加工性能的汽车构架、车轮	SAPH310，SAPH370，SAPH400，SAPH440
汽车高强结构用钢（热轧酸洗板）	用于要求良好成形加工性能并有高强度要求的汽车构架、车轮等汽车结构件	SPFH540，SPFH590
汽车高强结构用钢（冷成形用）	用于要求良好的冷成形性能并有较高或高强度要求的汽车大梁等结构件	QStE340TM，QStE380TM，QStE420TM，QStE460TM，QStE500TM
车轮用钢	具有良好的冷成形性能，用于制造汽车滚型车轮轮辋及轮辐	B330CL，B380CL，B420CL
车梁用钢	供制造汽车大梁、横梁用	B320L，B420L，B510L，B510DL，B550L
传动轴用钢	供制造汽车传动轴管用	B440QZR，B480QZR
桥壳用钢	供制造汽车桥壳用	B440QK

(3)冷成形用先进高强度热连轧钢

① 双相钢(DP)

双相钢力学性能见表 6－5 所列。

表 6－5 双相钢力学性能(摘自 Q/BQB 312—2009)

牌 号	拉伸试验[a]			n 值[b] (10%～20%) 不小于	n 值[c] (4%～6%) 不小于
	下屈服强度[d] (MPa)	抗拉强度 (MPa)	断后伸长率 (%) (L_0＝80mm,b＝20mm)		
BR330/580DP	330～470	≥580	≥19	≥0.14	≥0.18
BR450/780DP	450～610	≥780	≥14	≥0.11	≥0.16

a. 拉伸试验试样为纵向试样。

b. 该 n 值是在 10%～20%应变范围内计算得到的。当均匀伸长率小于 20%时,其应变范围为 10%至均匀伸长结束;当均匀伸长率小于 10%时,其应变范围为 5%至均匀伸长结束。

c. 在特殊情况下,该 n 值可不作要求。

d. 在屈服现象不明显时,采用 $R_{p0.2}$。

双相钢基体为软的铁素体,其上弥散分布硬质的岛状马氏体,两者分别确定材料的低屈服强度和高抗拉强度。代表牌号为 DP590(国内已应用于汽车车轮)、DP780 及 DP980(国内正进行应用研究)。其特点及应用如下:具有低的屈强比、高的加工硬化指数、高的烘烤硬化性能、没有屈服延伸和室温时效等特点。一般用于需高强度、高的抗碰撞吸收能力且成形要求也较严格的汽车零件,如车轮、悬挂系统构件及支架、支撑板、加强板等加强件(欧、美、日等已大量应用)。

② 贝氏体钢(高扩孔钢 HE)

贝氏体钢有铁素体＋贝氏体双相钢和贝氏体钢,主要添加元素为 Si、Mn、Nb、Cr 等,显微组织为铁素体＋贝氏体或单相贝氏体。其特点及应用如下:拉强度较高、凸缘翻边成形性优良,适合冲压汽车支撑部件类要求厚度较大,尤其是翻边性能良好的部件,如悬架摆臂、轮辐等。

贝氏体钢力学性能见表 6－6 所列。

表 6-6　贝氏体钢力学性能(摘自 Q/BQB 302—2009)

牌 号	拉伸试验[a]			扩孔率(%)
	下屈服强度[b] (MPa)	抗拉强度 (MPa)	断后伸长率(%) ($L_0=80$mm,$b=20$mm)	
BR300/450HE	300～380	≥450	≥24	≥80
BR440/580HE	440～620	≥580	≥14	≥75
BR600/780HE	600～800	≥780	≥12	≥55

a. 拉伸试验试样为纵向试样。

b. 当屈服现象不明显时,采用 $R_{p0.2}$。

③ TRIP 钢(相变诱导塑性钢 TR)

显微组织为铁素体、贝氏体和残余奥氏体,残余奥氏体含量不低于 5%。在成形过程中,残余奥氏体可相变为马氏体,具有较高的加工硬化率、均匀伸长率和抗拉强度。相比同等抗拉强度的双相钢,TRIP 钢具有更高的延伸率。代表牌号:TRIP590、TRIP780、TRIP980(国内正在研发中)。其特点及应用如下:TRIP 钢具有高延伸率的本质是应变诱发残余奥氏体转变为马氏体,TRIP 钢的起始加工硬化指数小于 DP 钢,但 TRIP 钢的加工硬化指数在很长应变范围内仍保持较高,特别适合要求具有高胀形性能的情况。国内目前尚无汽车零件应用热轧 TRIP 钢板的报道,国外已有应用。

相变诱导塑性钢力学性能见表 6-7 所列。

表 6-7　相变诱导塑性钢力学性能(摘自 Q/BQB 302—2009)

牌 号	拉伸试验[a]			n 值[b] (10%～20%) 不小于
	下屈服强度[c] (MPa)	抗拉强度 (MPa)	断后伸长率(%) ($L_0=80$mm,$b=20$mm)	
BR400/590TR	≥400	≥590	24	0.19
BR450/780TR	≥450	≥780	20	0.15

a. 拉伸试验试样为纵向试样。

b. n 值是在 10%～20%应变范围内计算得到的。当均匀伸长率小于 20%时,其应变范围为 10%至均匀伸长结束;当均匀伸长率小于 10%时,其应变范围为 5%至均匀伸长结束。

c. 屈服现象不明显时,采用 $R_{p0.2}$。

④ 复相钢(CP)

钢的显微组织主要为以铁素体和(或)贝氏体组织为基体,并且通常分布少量的马氏体、残余奥氏体和珠光体组织。通过添加微合金元素 Ti 或 Nb,形成细化晶粒或析出强化的效应。这种钢具有非常高的抗拉强度。与同等抗拉强度的双相钢相比,其屈服强度明显要高很多。同时,这种钢具有较高的能量吸收能力和较高的残余应变能力。

复相钢力学性能见表 6－8 所列。

表 6－8　复相钢力学性能(摘自 Q/BQB 302—2009)

牌　号	拉伸试验[a]		
	下屈服强度[b] (MPa)	抗拉强度 (MPa)	断后伸长率 (%) (L_0＝80mm,b＝20mm)
BR650/780CP	650～800	780	10
BR720/950CP	720～920	950	9
a. 拉伸试验试样为纵向试样。 b. 当屈服现象不明显时,采用 $R_{p0.2}$。			

⑤ 马氏体钢(耐磨钢 MS)

显微组织主要为马氏体组织,硬度一般在 360HBW 以上,是商业化高强度钢板中强度级别最高的钢板。热轧马氏体钢板主要用于有耐磨要求的汽车零件。马氏体钢板金相组织代表牌号:瑞典 SSAB 公司的 Domex We 系列钢板、HarDOX 系列钢板,宝钢耐磨钢板 360A 等。其特点及应用如下:强度、硬度高、耐磨性好,常用于自卸车车厢底板、边板或衬板等有耐磨要求的零部件。

马氏体钢力学性能见表 6－9 所列。

表 6－9　马氏体钢力学性能(摘自 Q/BQB 302—2009)

牌　号	拉伸试验[a]			180°弯曲试验[b] (d—弯心直径;a—试样厚度)
	下屈服强度[c] (MPa)	抗拉强度 (MPa)	断后伸长率 (%) (L_0＝80mm,b＝20mm)	
BR900/1200MS	900～1150	≥1200	≥5	d＝8a

（续表）

牌　号	拉伸试验[a]			180°弯曲试验[b]（d—弯心直径；a—试样厚度）
	下屈服强度[c]（MPa）	抗拉强度（MPa）	断后伸长率（%）（L_0＝80mm，b＝20mm）	

a. 拉伸试验试样为纵向试样。

b. 弯曲试验规定值适用于横向试样，弯曲试样宽度 $b \geqslant 35$mm，仲裁试验时试样宽度为 35mm。

c. 屈服现象不明显时，采用 $R_{p0.2}$。

冷成形用先进高强度热连轧钢组分见表 6－10 所列。

表 6－10　冷成形用先进高强度热连轧钢组份（摘自 Q/BQB 302—2009）

牌　号	化学成分[a]（熔炼分析）（%）							
	C ≤	Si ≤	Mn ≤	P ≤	S ≤	Als ≥	Cu ≤	B ≤
BR330/580DP[b] BR450/780DP[b]	0.23	2.00	3.30	0.090	0.015	0.010	0.40	0.006
BR400/590TR BR450/780TR	0.30	2.20	2.50	0.090	0.015	0.010	0.20	—
BR300/450HE BR440/580HE BR600/780HE	0.18	1.20	2.00	0.050	0.010	0.010		
BR900/1200MS	0.30	2.20	3.00	0.020	0.025	0.010	0.20	—
BR650/780CP[c] BR720/950CP[c]	0.25	2.00	2.20	0.050	0.015	0.010	0.20	—

a. 允许添加其他合金元素，但 Ni＋Cr＋Mo≤1.5。

b. 对双相钢，当 C＜0.015 时，B≥0.0003（3ppm）。

c. 对复相钢，当对点焊性能有要求时，可规定 S≤0.010。

(4)TWIP 钢板(孪晶诱导塑性钢板)

塑性变形的主要机制是位错滑移,产生大量孪晶,从而导致 TWIP 钢非常强的加工硬化能力和非常大的延伸率。这种性能即使在高应变速率下仍然保持着,因此在撞击等高应变过程中可以保证汽车非常高的安全性。其代表牌号为 TWIP980。

① 优点:WIP 钢具有高强度、高塑性,碰撞情能好,形好,减重效果明显。

② 缺点:合金含量高,炼钢、连铸困难,轧制变形抗力大,性能差,成本较高,工业化困难,应用受限。

6.1.2 冷轧钢板

冷轧钢板是以热轧卷为原料,在室温下(在再结晶温度以下)进行轧制而成。

冷轧薄钢板是普通碳素结构钢冷轧板的简称,也称冷轧板,俗称冷板,冷板是由普通碳素结构钢热轧钢带经过进一步冷轧制成厚度小于 4mm 的钢板。由于在常温下轧制不产生氧化铁皮,因此,冷板表面质量好,尺寸精度高,再加之退火处理,其机械性能和工艺性能都优于热轧薄钢板。在许多领域里,特别是家电制造领域,它已逐渐取代热轧薄钢板。尽管汽车产量在高速增长,但中国目前是以中低档轿车、商务用车为主。在全球经济危机的影响下,从降低成本角度考虑,冷轧汽车板在汽车用钢中仍占有较大比重,主要品种有深冲(IF)钢系列、加磷高强钢系列、BH 钢系列、低合金高强钢系列等四大类型。

(1)冷连轧低碳钢

由于具有良好的深冲性能和无时效性,冷连轧低碳钢广泛用于生产汽车中的复杂冲压件和外覆盖板,如轿车侧围板、轿车油底壳、门板、行李箱盖板等,一般占轿车用冷轧钢板总量的 40%～60%。IF 钢的含碳量极低,再通过添加微量的 Ti、Nb 合金元素,形成微量碳氮化合物,从而避免间隙固溶原子的存在,没有时效性。IF 钢系列冷轧板典型牌号为 DC04、DC05、DC06。

冷连轧低碳钢力学性能见表 6－11 所列。

表 6-11　冷连轧低碳钢力学性能(摘自 Q/BQB 403—2009)

牌号	拉伸试验[a,b]								$r90^{c}$ 不小于	$n90^{c}$ 不小于
	屈服强度(MPa)	抗拉强度(MPa)不小于	断后伸长率 A_{80mm}(%)不小于							
			公称厚度　mm							
			0.30	0.30～0.50	0.50～0.70	0.70～1.0	1.0～1.6	≥1.6		
DC01	140～280	270	24	26	28	30	32	34	—	—
DC03	140～240	270	—	30	32	34	35	36	1.3	—
DC04	130～210	270	—	34	36	38	39	40	1.6	0.18
DC05	120～180	270	—	35	38	40	40	41	1.9	0.20
DC06	110～170	260	—	37	39	41	42	43	2.1	0.22
DC07	100～150	250	—	40	42	44	44	44	2.5	0.23

a. 当无明显屈服时,采用 $R_{p0.2}$;否则,采用 R_{eL}。当厚度大于 0.50mm 且不大于 0.70mm 时,屈服强度规定值允许增加 20MPa;当厚度不大于 0.50mm 时,屈服强度规定值允许增加 40MPa。

b. 试样为 GB/T 228 中的 P6 试样,试样方向为横向。

c. $r90$ 值和 $n90$ 值的要求仅适用于厚度不小于 0.50mm 的产品。当厚度大于 2.0mm 时,$r90$ 值允许降低 0.2。

(2)加磷高强钢

加磷高强钢兼具良好的成形性、较高的强度、良好的焊接性及耐腐蚀性等综合特点,其强度级别主要为 340MPa、390MPa、440MPa,用于中高档轿车的外覆件、冲压件、结构件等,一般占轿车用冷轧钢板总量的 10%～40%。其机理是在低碳或 IF 钢机体中加入适量的 P,通过固溶强化而提高材料性能。典型牌号为 B170P1、B210P1、B250P1、B220P2 等,见表 6-12、表 6-13 所列。

表 6-12　无间隙原子高强度冷连轧钢力学性能(摘自 Q/BQB 413—2009)

牌　号	拉伸试验[a,b]					r90[c] 不小于	n90 不小于
	屈服强度(MPa)	抗拉强度(MPa)不小于	断后伸长率(L_0=50mm,b=25mm)(%)不小于 公称厚度(mm)				
			<1.0	1.0～1.6	≥1.6		
B170P1	170～260	340	36	38	40	1.7	0.19
B210P1	210～310	390	32	34	36	1.6	0.18
B250P1	250～360	440	30	32	34	—	—

a. 当屈服现象不明显时,采用 $R_{p0.2}$;否则,采用 R_{eL}。
b. 试样为 GB/T 228 中的 P14 试样,试样方向为横向。
c. 当厚度大于 2.0mm 时,$r90$ 值允许降低 0.2。

表 6-13　加磷高强度冷连轧钢力学性能(摘自 Q/BQB 411—2009)

牌　号	拉伸试验[a,b,c]			r90[d] 不小于	n90 不小于
	屈服强度(MPa)	抗拉强度(MPa)	断后伸率 A_{80mm}(%)不小于		
B180P2	180～280	340	30	—	—
B220P2	220～320	380	28	—	—
HC180P	180～230	280～360	34	1.6	0.17
HC220P	220～270	320～400	32	1.3	0.16
HC260P	260～320	360～440	29	—	—
HC300P	300～360	400～480	26	—	—

a. 当无明显屈服时,采用 $R_{p0.2}$;否则,采用 R_{eL}。
b. 试样为 GB/T 228 中的 P6 试样,试样方向为横向。
c. 当厚度不大于 0.70mm 时,断后伸长率允许降低 2%。
d. 当厚度大于 2.0mm 时,$r90$ 允许降低 0.2。

(3)烘烤硬化高强度钢

烘烤硬化高强度钢板是为了克服高强度钢板屈服应力高、冲压成形性差的缺点而开发的一种汽车用钢板，具有良好的成形性与抗凹陷性能，主要用于中高档汽车外覆盖件和一些变形量较大的结构件，如轿车发动机盖、顶盖等。其机理是含有间隙固溶原子碳、氮的钢板经过预变形，导致机体内位错密度增加，随着涂漆烘烤的时效处理，碳、氮间隙原子在位错处聚集，钉扎位错，从而使强度提高。由于时效的影响，钢板及钢带的力学性能会随着储存时间的延长而变差，如屈服强度和抗拉强度的上升、断后伸长率的下降、成形性能变差、出现拉伸应变痕等。常用烘烤硬化高强度刚性能见表 6－14 所列。

表 6－14　烘烤硬化高强度钢力学性能(摘自 Q/BQB 416—2009)

牌　号	拉伸试验[a,b,c]			$r90$ 值[d] 不小于	$n90$ 值 不小于	烘烤硬化值 (BH2) (MPa) 不小于
	屈服强度 (MPa)	抗拉强度 (MPa) 不小于	断后伸长率 A_{80mm}(%) 不小于			
HC180B	180～230	300～360	34	1.6	0.17	30
HC220B	220～270	320～400	32	1.5	0.16	30
HC260B	260～320	360～440	29	—	—	30
HC300B	300～360	400～480	26	—	—	30

a. 当无明显屈服时，采用 $R_{p0.2}$；否则，采用 R_{eL}。

b. 试样为 GB/T 228 中的 P6 试样，试样方向为横向。

c. 当厚度不大于 0.70mm 时，断后伸长率允许降低 2%。

d. 当厚度大于 2.0mm 时，$r90$ 允许降低 0.2。

(4)低合金高强度冷连轧钢

低合金高强度钢具有高的屈强比，有利于提高结构件的安全性，主要用于汽车内部结构件，如车门铰链加强板、车门防撞梁等。其机理是在低碳钢中添加少量的铌或钛等合金元素，使其与碳、氮等元素形成碳化物、氮化物并在铁素体机体上析出，从而提高钢的强度，典型牌号为 B340LA 等。常用低合金高强度冷连轧钢力学性能见表 6－15 所列。

表 6-15　低合金高强度冷连轧钢力学性能(摘自 Q/BQB 419—2009)

牌　号	拉伸试验[a,b]		断后伸长率(%)不小于	
	屈服强度(MPa)	抗拉强度(MPa)	A_{80mm}	(L_0=50mm，b=25mm)
HC260LA[c]	260～330	350～430	26	—
HC300LA[c]	300～380	380～480	23	—
HC340LA[c]	340～420	410～510	21	—
B340LA[d]	340～460	≥440	—	22
HC380LA[c]	380～480	440～560	19	—
HC420LA[c]	420～520	470～590	17	—
B410LA[d]	410～560	≥590	—	16
HC460LA[c]	460～560	560～680	15	—
HC500LA[c]	500～600	560	14	—

a. 当无明显屈服时，采用 $R_{p0.2}$；否则，采用 R_{eL}。

b. 当产品公称厚度大于 0.50mm，但小于等于 0.70mm 时，断后伸长率允许下降 2%；当产品公称厚度不大于 0.50mm 时，断后伸长率允许下降 4%。

c. 试样为 GB/T 228 中的 P6 试样，试样方向为横向。

d. 试样为 GB/T 228 中的 P14 试样，试样方向为横向。

6.1.3　涂镀层钢板

在汽车制造过程中，涂镀层钢板要经过冲压成形、焊接、表面处理、涂漆、烘烤工序，因此汽车工业对涂镀层钢板有如下性能要求：

- 成形性——基板适合成形的要求，镀层附着力强、抗剥落、抗粉化；
- 耐蚀性——抗冬季道路撒盐的腐蚀，抗海洋性气候大气腐蚀；
- 涂漆性——磷化和电泳涂漆性能好；
- 焊接性——对电极损伤小、焊接参数范围宽；
- 表面质量——表面平整、镀层厚度均匀；

● 公差尺寸——板形平整,公差小。

汽车车体使用的各类镀层板,主要包括热镀锌(热镀纯锌GI、合金化热镀锌GA等)钢板、电镀锌(电镀纯锌、电镀锌镍合金以及合金化电镀锌等)钢板和有机、无机涂镀层钢板等。

涂镀层钢板的品种根据涂镀材料加以区分。涂镀材料主要有Zn、Al、Sn、Ni等金属、合金和有机树脂。由这些材料在金属基板上构成单层或多层镀层。目前,汽车用涂镀层板品种有镀锌板、镀铝钢板、镀铅钢板、镀锡钢板、镀铬钢板、涂层钢板。电镀锌板是汽车车身应用最多的钢板,这是由于电镀锌对基体钢板的性能和表面影响小。同时,电镀锌还可用于单面镀,镀锌量易控制,镀层较薄,一般为2.5～7.51μm。现在,电镀锌板已部分被热浸镀锌和锌合金板取代。

(1)镀锌板

① 纯锌镀层板

在纯锌镀层板中,热镀锌板和电镀锌板是汽车行业应用最多的镀层板品种,我国也在大量使用。提高热镀锌板的质量,主要是通过提高镀层粘附性、涂敷性、锌层均匀性及成形性达到。

② Zn-Fe合金镀层板(GA)

主要分为热镀锌板、电镀Zn-Fe合金板、蒸气镀Zn-Fe合金三类。该板的特点为涂漆后的焊接性和耐腐蚀性较纯锌镀板要好。GA板是由基板在镀锌后再进行扩散退火而生产的,镀层是由在扩散退火期间生成的Zn-Fe金属间化合物组成,所以其焊接性和耐腐蚀性较纯锌镀层好。GA板生产工艺简单,只需在连续镀锌生产线上增设1座扩散退火炉即可。

③ 热浸镀锌铝板

热浸镀锌铝板中具有代表性的为:

● Galvalume热镀锌板。其镀层组织为Zn-Al合金,表面光滑,具有优良的耐大气腐蚀性,其耐大气腐蚀性比同样镀层厚度的常规热镀锌板高2～6倍。

● Galfan热镀锌板。其镀层组织具有双相结构特征,故较常规镀锌板腐蚀速度慢且均匀,主要优点是变形前后的耐腐蚀性不变。

④ 电镀Zn-Ni合金板

该板镀层较薄,但抗腐蚀能力高。其中,镀层厚度为30纳米的电镀Zn-Ni合金板比其他镀层较厚的镀锌板具有更好的耐蚀性、成形性和焊接性。

⑤ 有机复合涂层板

日本已研制出一种新的可低温处理的有机复合薄膜(lptm)电镀Zn－Ni合金板。该板基本结构为在电镀Zn－Ni合金板上涂有两层保护膜,靠近基板的为铬酸盐膜,外面为有机复合膜。该板具有优异的耐腐蚀性、涂敷性、抗粉化性、焊接性和烘烤硬化性等特点。

(2)镀铝钢板

镀纯铝(aluminium coated sheets)或含硅5%～10%的铝合金钢板能抗SO_2、H_2S和NO_2等气体的腐蚀,抗氧化性和热反射性也很好,多用于制造汽车排气系统、加热炉的部件和用作建筑材料等。工业生产镀铝钢板有热镀法和电泳法两种。20世纪70年代,世界上镀铝钢板主要还是用热镀法生产,因为此法比较经济。为了提高镀铝板的耐蚀性和耐热性,美国近年研究生产Al－Zn－Si合金镀层钢板和Al－Ti合金镀层钢板。后者的耐热性相当于409型不锈钢。镀铅-锡合金钢板(terne coated sheets)主要是指镀有含锡5%～20%的铅-锡合金镀层的钢板。这种钢板具有优越的耐蚀性,特别是能抗石油制品的腐蚀,还有深冲成形的润滑性、可焊性等,广泛用于制作汽车油箱、电视机底盘等方面。

6.1.4 汽车热轧钢板相关检验及评价

(1)缺口敏感系数

为比较各种材料对缺口敏感的程度,常进行缺口静拉伸试验。缺口强度比为$NSR=\sigma_{bn}/\sigma_b$,其中σ_{bn}为缺口试样的抗拉强度,σ_b为等截面尺寸光滑试样的抗拉强度。当$NSR<1$,对缺口敏感;当$NSR>1$,缺口使材料的屈服强度或抗拉强度上升,但塑性降低,即"缺口强化"。

(2)动态疲劳性能

钢板的中值疲劳强度及p－S－N曲线必须要满足要求,尤其是中值疲劳强度。影响钢板疲劳性能的因素很多,通常有钢质纯净度、杂质数量及形态、成分及组织均匀程度、表面质量、晶粒大小等。

(3)成形性能

热轧钢板通常成形难度远小于冷轧钢板,成形性能一般通过屈强比、延伸率(主要考虑最大力均匀塑性延伸率,即均匀塑性延伸率)、冷弯性能体现,对于先进高强钢板,n值、r值也需考虑,如热轧奥氏体不锈钢、TWIP钢、中/高 Mn 第三代汽车钢等。

6.2　板材成形工艺及其评价方法

板料对各种冲压成形加工的适应能力称为板料的冲压成形性能。具体地说，就是指能否用简便的工艺方法高效率地用坯料生产出优质冲压件。冲压成形性能是个综合性的概念，它涉及的因素很多，其中有两个主要方面：一方面是成形极限，即希望尽可能减少成形工序；另一方面是要保证冲压件质量符合设计要求。

6.2.1　成形极限

在冲压成形中，材料的最大变形极限称为成形极限。对不同的成形工序，成形极限应采用不同的极限变形系数来表示。例如，弯曲工序的最小相对弯曲半径、拉伸工序的极限拉伸系数等。这些极限变形系数可以在各种冲压手册中查到，也可通过实验求得。

依据什么来确定极限变形系数呢？这要看影响成形过程正常进行的因素是哪些。冲压成形时，外力可以直接作用在毛坯的变形区（例如胀形），也可以通过非变形区，包括已变形区（例如拉伸）和待变形区（例如缩口、扩口等），将变形力传给变形区。因此，影响成形过程正常进行的因素可能发生在变形区，也可能发生在非变形区。归纳起来，大致有下述几种情况。

（1）属于变形区的问题

伸长类变形一般是因为拉应力过大、材料过度变薄、局部失稳而产生断裂，如胀形、翻孔、扩口和弯曲外区等的拉裂。压缩类变形一般是因为压应力过大，超过了板材的临界应力，使板材丧失稳定性而产生起皱，如缩口、无压边圈拉伸等的起皱。

（2）属于非变形区的问题

① 传力区承载能力不够：非变形区作为传力区时，往往由于变形力超过了该传力区的承载能力而使变形过程无法继续进行。分为以下两种情况。

● 拉裂或过度变薄：例如拉伸是利用已变形区作为拉力的传力区，若变形力超过已变形区的抗拉能力，就会在该区内发生拉裂或局部严重变薄，从而使工件报废。

● 失稳或塑性镦粗：例如扩口和缩口工序是利用待变形区作为压力的传力区，若变形力超过了管坯的承载能力，待变形区就会因失稳而压屈，或者发生塑性镦粗变形。

② 非传力区在内应力作用下破坏：当非变形区不是传力区时，由于变形过程中金属流动的不均匀性，也可能产生过大的内应力，从而使之破坏。根据发生问题的部位不同，可分为以下两种情况。

● 待变形区拉裂或起皱：例如在盒形件的后续拉伸工序中，待变形区金属流入变形区的速度不一致，靠直边部分流入速度快，角部金属流入速度慢。在这两部分金属的相互影响下，直边部分容易发生拉裂，角部则容易沿高度方向压屈起皱。

● 已变形区拉裂或起皱：如薄壁件反挤时，若金属从变形区流到已变形区的速度不均匀，则速度快的部位易因受附加压应力的作用而起皱，速度慢的部位易因受附加拉应力的作用而开裂。

综上所述，不论是伸长类还是压缩类变形，不论问题发生在变形区还是非变形区，其失稳形式无非两种类型：受拉部位发生缩颈断裂，受压部位发生压屈起皱。为了提高冲压成形极限，从材料方面来看，就必须提高板材的塑性指标和增强抗拉、抗压的能力。

6.2.2 成形质量

冲压零件不但要求具有所需形状，还必须保证产品质量。冲压件的质量指标主要是厚度变薄率、尺寸精度、表面质量以及成形后材料的物理力学性能等。

金属在塑性变形中体积不变。因此，在伸长类变形时，板厚都要变薄，它会直接影响到冲压件的强度，故对强度有要求的冲压件往往要限制其最大变薄率。

影响冲压件尺寸和形状精度的主要原因是回弹与畸变。由于在塑性变形的同时总伴随着弹性变形，卸载后会出现回弹现象，导致尺寸及形状精度的降低。冲压件的表面质量主要是指成形过程中引起的擦伤。产生擦伤的原因除冲模间隙不合理或不均匀、模具表面粗糙外，往往还由于材料黏附模具所致。

6.2.3　板料冲压成形性能试验

(1)板料冲压成形性能试验方法

板料冲压性能试验方法通常分为三种类型：力学试验、金属学试验（统称间接试验）和工艺试验（直接试验）。其中，常用的力学试验有简单拉伸试验和双向拉伸试验，用以测定板料的力学性能指标；金属学试验用以确定金属材料的硬度、表面粗糙度、化学成分、结晶方位与晶粒度等；工艺试验也称模拟试验，它是用模拟生产实际中的某种冲压成形工艺的方法测量出相应的工艺参数。例如，Swift 的拉伸试验测出极限拉伸比 LDR；T ZP 试验测出对比拉伸力的 T 值；Erichsen 试验测出极限胀形深度 E_r 值；K. W. I 扩孔试验测出极限扩孔率 λ 等。下面仅对板材简单拉伸实验进行介绍。

(2)板材拉伸试验

板材的拉伸试验也叫作单向拉伸试验或简单拉伸试验。使用拉伸试验方法，可以得到许多评定板材冲压性能的试验值，所以应用十分普遍。

由于试验目的不同，板材冲压性能评价用的拉伸试验方法和所得到的试验值均与为评定材料强度性能的拉伸试验有所不同。通常情况下，使用拉力试验机（机械式或液压式）。试验时，利用测量装置测量出拉伸力 P 与拉伸行程（试样伸长值）ΔL，根据这些数值作出 $s-d$ 曲线。

6.2.4　板料力学性能与冲压成形性能的关系

板料力学性能与板料冲压性能有着密切关系。一般来说，板料的强度指标越高，产生相同变形量所需的力就越大；塑性指标越高，成形时所能承受的极限变形量就越大；刚性指标越高，成形时抗失稳起皱的能力就越大。

对板料冲压成形性能影响较大的力学性能指标有以下几项：

(1)屈服极限 σ_S

屈服极限 σ_S 小，材料容易屈服，则变形抗力小，产生相同变形所需变形力就小，并且屈服极限小。当压缩变形时，屈服极限小的材料因易于变形而不易出现起皱，对弯曲变形则回弹小。

(2)屈强比 σ_S/σ_b

屈强比小，说明 σ_S 值小而 σ_b 值大，即容易产生塑性变形而不易产生拉裂。也就是说，从产生屈服至拉裂有较大的塑性变形区间。尤其是对压缩类变形中的拉伸变形而言，具有重大影响。当变形抗力小而强度高时，变形区的材料易于变形且不易起皱，传力区的材料又有较高强度而不易拉裂，有利于提高拉伸变形的变形程度。

(3)伸长率

在拉伸试验中，试样拉断时的伸长率称总伸长率或简称伸长率 δ，而试样开始产生局部集中变形（缩颈时）的伸长率称均匀伸长率 δ_u。δ_u 表示板料产生均匀的或稳定的塑性变形的能力，它直接决定板料在伸长类变形中的冲压成形性能。从实验中得到验证，大多数材料的翻孔变形程度都与均匀伸长率成正比。可以得出结论：伸长率或均匀伸长率是影响翻孔或扩孔成形性能的主要参数之一。

(4)硬化指数 n

单向拉伸硬化曲线可写成 $\sigma=K\varepsilon^n$。其中，指数 n 即为硬化指数，表示在塑性变形中材料的硬化程度。n 大时，说明在变形中材料加工硬化严重，真实应力增加大。当板料拉伸时，整个变形过程是不均匀的，先是产生均匀变形，然后出现集中变形，形成缩颈，最后被拉断。在拉伸过程中，一方面材料断面尺寸不断减小使承载能力降低，另一方面由于加工硬化使变形抗力提高，又提高了材料的承载能力。在变形的初始阶段，硬化的作用是主要的，因此材料上某处的承载能力在变形中得到加强。变形遵循阻力最小定律，既“弱区先变形”的原则，因此总是在最弱面处进行，这样变形区就不断转移。所以，变形不是集中在某一个局部断面上进行的，在宏观上就表现为均匀变形，承载能力不断提高。但是根据材料的特性，板料的硬化是随变形程度的增加而逐渐减弱，当变形进行到一定时刻，硬化与断面减小对承载能力的影响，两者恰好相等，此时最弱断面的承载能力不再得到提高。于是，变形开始集中在这一局部地区进行，不能转移出去发展成为缩颈，直至拉断。可以看出，当 n 值大时，材料加工硬化严重，硬化使材料强度的提高得到加强，于是增大了均匀变形的范围。对伸长类变形（如胀形），n 值大的材料使变形均匀，变薄减小，厚度分布均匀，表面质量好，增大了极限变形程度，零件不易产生裂纹。

(5)厚向异性指数 γ

由于板料轧制时出现的纤维组织等因素，板料的塑性会因方向不同而出现差异，这种现象称为塑性各向异性。厚向异性系数是指单向拉伸试样

宽度应变和厚度应变之比，即

$$\gamma=\varepsilon_b/\varepsilon_t,$$

式中，ε_b、ε_t 为宽度方向、厚度方向的应变。

厚向异性指数表示板料在厚度方向上的变形能力。γ 值越大，说明板料越不易在厚度方向上产生变形，即不易出现变薄或增厚。γ 值对压缩类变形的拉伸影响较大，当 γ 值增大，板料易于在宽度方向变形，可减小起皱的可能性。而板料受拉处厚度不易变薄，又使拉伸不易出现裂纹，因此 γ 值大时有助于提高拉伸变形程度。

(6)板平面各向异性指数 $\Delta\gamma$

板料在不同方位上厚向异性指数不同，造成板平面内各向异性。板平面各向异性指数用 $\Delta\gamma$ 表示，即

$$\Delta\gamma=(\gamma_0+\gamma_{90}+2\gamma_{45})/2$$

式中，γ_0、γ_{90}、γ_{45} 为纵向试样、横向试样和与轧制方向成 45°试样厚向异性指数。$\Delta\gamma$ 越大，表示板平面内各向异性越严重。拉伸时在零件端部出现不平整的凸耳现象就是由材料的各向异性造成的，它既浪费材料又要增加一道修边工序。

6.3　板材成形模拟方法及软件

6.3.1　模拟的意义

薄板、薄板管、薄壁型材等薄壁金属统称为板材，广泛应用在航空航天、汽车机车、电机电器、食品包装、日用五金、建筑等工业部门中。把坯料轧挤成钣金材料的生产企业和把钣金材料加工成钣金制品的加工企业已成为我国国民经济中的十分重要的部门。对钣金成形的塑性加工行业整体而言，目前仍处于以许多简化和假设为基础、以经验和知识为依据、以“试错”为基本方法的工艺阶段进行计算和设计，工件的质量不高。与传统的成形工艺相比，现代塑性加工技术对毛坯与模具设计以及材料塑性流动控制等方面要求更高，引入以计算机为工具的现代设计分析手段已成为人们的共识，即

板材成形数值模拟技术。一方面，用计算机取代某些原来由人工完成的工作，成倍甚至十几倍、几十倍地提高效率，并提高水平和质量；另一方面，一些人工无法完成的工作，由于有了计算机这种高效能的新工具和相应的新技术而能完成。板材成形数值模拟技术又称为板材成形过程的计算机辅助工程 CAE 分析技术，是一种把计算机、数值方法、力学、材料与工艺等集于一体的先进技术，能用计算机虚拟成形过程，进行分析，对可能出现的成形缺陷（如起皱、破裂和回弹等）做出预测，使问题在工艺和模具设计阶段就得到解决，能有效地缩短调试周期，降低生产成本。20 世纪 80 年代以来，CAD 和 CAE 等单元技术开始运用到塑性成形工艺分析、规划与模具设计上。随着这些单元技术的不断发展，通过它们的集成形成了基于知识的成形专家系统，并且有朝着集成化的塑性加工虚拟制造系统发展的趋势。作为系统必要支撑技术的计算机数值模拟技术，早已受到世界各国尤其是发达国家的高度重视。

6.3.2 板材成形数值模拟方法的国内外现状

板材成形数值模拟的核心是有限元法。各国学者沿着两个方向对板材成形进行了广泛的研究，板材成形模拟技术就轰轰烈烈地开展起来了。从理论上讲，塑性有限元法可以模拟分析各种塑性成形工艺。但是，塑性有限元法的这种分析能力，除了与计算机硬件和相关的软件技术有关外，还取决于模拟大变形过程中的若干共性技术或关键技术，包括几何模型的建立、单元类型的选择、网格的划分与重划分、边界条件处理、接触和摩擦问题等。这些关键技术对塑性有限元模拟复杂问题的能力、模拟精度、计算收敛性和可靠性以及通用性起着至关重要的作用。由于塑性成形理论、材料加工工艺和实验过程分析等方面的发展，特别是计算机硬件及相关软件技术的高速发展，为上述关键技术的研究提供了手段和基础。1982 年，奥（S. K. Oh）提出了二维问题任意形状模具的边界条件处理方法以及刚塑性有限元法中初始速度场的自动生成算法；从 20 世纪 80 年代中期开始，许多学者如奥·库普根（Kopp）、监凯维奇等，在弹性有限元网格自动划分技术基础上，针对塑性大变形有限元模拟的特点，从二维有限元网格失效判断到网格重新划分技术，直至新旧网格数据转换做了大量工作，取得了良好效果。此外，在汽车覆盖件的成形模拟方面，各国学者在弹塑性有限元法上也取得了巨大的成就。美国通用汽车公司采用弹塑性薄膜单元有限元程序对车门窗成形进行了分析。福特汽车公司采用局部三维有限元模型,对汽车门内覆盖件的成形过程进行了模拟计算。日本的 Nkamaachi 基于弹塑性壳体理论建立的有限元模型对汽车车门和车尾箱底板成形进行了模拟并显示了成形过程中的起皱现象。这些工作在汽车覆盖件应用上进一步拓宽了弹塑性有限元法在金属塑性成形分析中的应用范围,尤其是在板材成形方面的应用。

拉延成形加工中,以描述拉延件形状的 B 样条控制顶点作为设计变量,采用复合形优化算法进行形状优化。管延锦、架贻国等人运用有限元法对板料的渐进弯曲成形过程进行了较为全面的研究,主要分析了渐进弯曲过程中的回弹问题。中国科学技术大学的邵鹏飞、中国航天工业总公司的车玫等人对金属板料拉延二次成形进行了有限元法模拟,他们采用动态显式计算程序 MSC 进行了有限元计算,用主从模型定义板材和模具的接触,摩擦力用库仑定律计算,利用动力松弛法对成形过程中的回弹进行了计算。模拟结果和实际零件比较,证明模型合理、算法稳定、结果可靠,具有良好的应用价值。在汽车覆盖件的仿真模拟方面,国内学者也做出了巨大的贡献。吉林工业大学汽车覆盖件成形技术研究所的柳玉起、胡平、李运兴等人提出了基于虚功率增量原理和引入了“使用于弹塑性有限元变形的拟流态角理论的本构模型”,并引入了各向异性屈服函数和具有微观物理基础的 Barlat - Lina 面内的各向异性屈服函数的屈服准则。

6.3.3　板材成形数值模拟有限元软件

模拟理论及其技术的日益成熟为有限元模拟软件的商品化创造了有利条件,软件从实验室开始走向企业,用于实际产品的开发和质量控制。一般板材成形数值模拟软件都包括前处理、求解器和后处理三个部分。经过 30 多年来的发展,仿真软件不胜枚举。目前用于有限元分析的商业化软件主要是国外开发的,1979 年美国 Battellecolmubus 实验室开发了有限元计算成形 ALPID,该程序为刚塑性有限元法通用程序,在此基础上又将它发展为 DEFORM,最初用于二维有限元分析,1998 年推出了三维系统 DEFORM - 3D。该系统集弹性、弹塑性、刚(粘)塑性、热传导于一体,可将模拟结果可视化,支持 OPGL 图形模式,允许用户对其数据库进行操作,对系统设置进行修改,以及定义自己的材料模型等。ABAQUS 是美国 HKS 公司的产品,是国际上通用有限元计算分析软件之一，特别是它的非线性(几何、材料、接触)分析功能具有世界领先水平，是目前能接受“命令流”处理的少数有限元分析软件之一，但较难处理复杂问题。ANSYS软件是融结构、流体、电磁场、声场和祸合场分析于一体的大型通用有限元分析软件，由美国ANSYS公司开发，能与多种CAD软件接口实现数据共享和交换，如Pro/E、NASTRAN、I-DAES、AutoCAD等。ANSYS软件主要包括三个部分：前处理模块、分析计算模块和后处理模块。前处理模块提供了一个强大的实体建模及网格划分工具，用户可以方便地构造有限元模型；分析计算模块包括结构分析(可进行线性分析、非线性分析和高度非线性分析)、流体动力学分析、电磁场分析、声场分析、压电分析以及多物理场的祸合分析，可模拟多种物理介质的相互作用，具有灵敏度分析及优化分析能力；后处理模块可将计算结果以彩色等值线显示、梯度显示、矢量显示、粒子流迹显示、立体切片显示、透明及半透明显示(可看到结构内部)等图形方式显示出来。除此之外，在有关板材成形数值模拟技术的国际会议中，所涉及的板料成形数值模拟软件还有许多，如美国商业软件AUTOFORM、LS-DYAN3D；英国的有显示积分求解的CAE系统ITAS-3D；法国工程系统国际组织开发的板料成形工业软件PAM-STANP以及日本26家公司联合投资组成的板料成形研究协会开发的模拟软件ROBUST。自20世纪80年代中期以来，我国有许多高等学校和科研院所开始研究该方面的软件开发，目前也有少数企业已开始应用，但与国外相比软件技术水平和应用程度尚有明显差距。因此，有必要进一步深入地研究板料成形数值模拟技术，使之更好地服务于制造业。我国许多大学和科研院所也积极开展了这方面的工作，理论研究方面具有世界先进水平，一些汽车、飞机工厂也已经开始应用该技术。但到目前为止，我国还没有自主开发出在生产中应用并取得效益的商品化软件。

第7章　汽车冲压件常见缺陷分析

作为外观装饰性件的汽车外覆盖件，又是封闭薄壳状的受力零件，其表面不允许有皱纹、凹痕等缺陷。为解决车身的美观和功能等问题，很多覆盖件整体轮廓内部带有局部形状特征，这对成形控制技术提出了更多更高的要求。结构件形状复杂，用于提高车身的刚性，并连接或固定内饰件及其他零件，其开裂等缺陷影响整车强度。模具开发各阶段工作都围绕着解决冲压件缺陷而开展。冲压件的缺陷分析也是汽车模具开发的难点。

7.1　冲裁件常见缺陷分析

冲裁件常见缺陷有毛刺、制件表面翘曲、尺寸精度超差。

7.1.1　毛刺

在板料冲裁中产生不同程度的毛刺，一般来讲是很难避免的，但是若提高制件的工艺性，改善冲压条件，就能减小毛刺。

冲裁产生毛刺主要有以下几方面原因。

(1)间隙

冲裁间隙过大、过小或不均匀均可产生毛刺。影响间隙过大、过小或不均匀的因素有：

① 模具制造误差。冲模零件加工不符合图纸、底板平行度不好等。

② 模具装配误差。导向部分间隙大、凸凹模装配不同心等。

③ 压力机精度差。如压力机导轨间隙过大，滑块底面与工作台表面的平行度不好，或是滑块行程与压力机台面的垂直度不好，工作台刚性差，在冲裁时产生挠度等，均能引起间隙的变化。

④ 安装误差。如冲模上下底板表面在安装时未擦干净或对大型冲模上模的紧固方法不当，冲模上下模安装不同心(尤其是无导柱模)而引起工作

部分倾斜。

⑤ 冲模结构不合理。冲模及工作部分刚度不够，冲裁力不平衡等。

⑥ 钢板的瓢曲度大，即钢板不平。

(2)刃口钝

刃口磨损变钝或啃伤均能产生毛刺。影响刃口变钝的因素有：

① 模具凸、凹模的材质及其表面处理状态不良，耐磨性差。

② 冲模结构不良，刚性差，造成啃伤。

③ 操作时不及时润滑，磨损快。

④ 没有及时磨锋刃口。

(3)冲裁状态不当

如毛坯(包括中间制件)与凸模或凹模接触不好，在定位相对高度不当的修边冲孔时，也会由于制件高度低于定位相对高度，在冲裁过程中制件形状与刃口形状不服帖而产生毛刺。

(4)模具结构不当

如需要采用侧冲结构的修边模具，为减少成本，而直接采用正修结构。

(5)材料不符合工艺规定

材料厚度严重超差或用错料(如料厚不对)引起相对间隙不合理而使制件产生毛刺。

(6)制件的工艺性差

形状复杂、有凸出或凹入的尖角均易因磨损过快而产生毛刺。

毛刺的产生不仅使冲裁以后的变形工序由于产生应力集中而容易开裂，同时也给后续工序毛坯的分层带来困难。大的毛刺容易把手划伤；焊接时两张钢板接合不好，易焊穿，焊不牢；铆接时则易产生铆接间隙或引起铆裂。

因此，出现允许范围以外的毛刺是极其有害的。对已经产生的毛刺可用锉削、滚光、电解、化学处理等方法来消除。孔毛刺、凸焊螺母困难孔变形会使凸焊螺母后不易取出。

7.1.2 制件翘曲不平

材料在与凸模、凹模接触的瞬间首先要拉伸弯曲，然后剪断、撕裂。由于拉伸、弯曲、横向挤压各种力的作用，使制件展料出现波浪形状，因而制件产生翘曲。

制件翘曲产生的原因有以下几个方面：

(1)冲裁间隙大

间隙过大,则在冲裁过程中制件的拉伸、弯曲力大,易产生翘曲。改善的办法为冲裁时用凸模和压料板紧紧地压住,保持锋利的刃口,以避免冲裁间隙过大。

(2)凹模洞口有反锥

制件在通过尺寸小的部位时,外周就要向中心压缩,从而产生弯曲。

(3)制件结构形状产生的翘曲

制件形状复杂时,制件周围的剪切力就不均匀,因此产生了由周围向中心的力,使制件出现翘曲。解决的办法就是增大压料力。

(4)材料内部应力产生的翘曲

材料在轧制卷绕时产生的内部应力,在冲裁后移到表面,制件将出现翘曲。解决的方法是开卷时通过矫平机矫平。

(5)由于油、空气和接触不良产生的翘曲

在冲模和制件、制件和制件之间有油、空气等压迫制件时,制件将产生翘曲,特别是薄料、软材料更易产生。但如均匀地涂油、设置排气孔,可以消除翘曲现象。制件和冲模之间表面有杂物也易使制件产生翘曲。

冲裁时接触面不良也会产生翘曲。

7.1.3　尺寸精度超差

尺寸精度超差的原因有如下几个方面:

(1)模具刃口尺寸制造超差。

(2)冲裁过程中的回弹、上道工序的制件形状与下道工序模具工作部分的支承面形状不一致,使制件在冲裁过程中发生变形,冲裁完毕后产生弹性回复,因而影响尺寸精度。

(3)板形不好。

(4)多工序的制件由于上道工序调整不当或圆角磨损,破坏了变形时体积均等的原则,引起了冲裁后尺寸的变化。

(5)由于操作时定位不好,或者定位机构设计得不好,冲裁过程中毛坯发生了窜动。或者由于剪切件的缺陷(棱形度、缺边等)而引起定位的不准,均能引起尺寸超差。

(6)冲裁顺序不对。

7.2 翻整件常见缺陷分析

翻整件常见缺陷有:形状与尺寸不符、翻边开裂、翻边拉毛、翻边起皱、翻边回弹等。

7.2.1 形状与尺寸不符

主要原因是回弹和定位不当所致。解决的办法除采取措施以减少回弹外,提高毛坯定位的可靠性也是很重要的,通常采用以下两种措施。

(1)压紧毛坯

采用气垫、橡皮或弹簧产生压紧力,在弯曲开始前就把板料压紧。为达到此目的,压料板或压料杆的顶出高度应做得比凹模平面稍高一些。

(2)可靠的定位方法

毛坯的定位形式主要有以外形为基准和以孔为基准两种。外形定位操作方便,但定位准确性较差。孔定位方式操作不大方便,使用范围较窄,但定位准确可靠。在特定的条件下,有时用外形初定位,大致使毛坯控制在一定范围内,最后以孔定位,吸取两者的优点,使之定位既准确又操作方便。

7.2.2 翻边开裂

造成冲压件开裂的原因有很多,但是产生的根源在于开裂部位成形时拉伸程度超过了材料所能承受的强度极限,即成形过程中材料流动的拉伸量超过了材料允许的最大拉伸率。

对用于冲压生产所用的原材料,不存在材料拉伸。进行折弯或者翻边成形时,紧贴模具凸模面的材料通常也不存在拉伸,所以对于两次翻边的结构,分析翻边边缘开裂风险时,只需要考虑翻边边缘的材料拉伸量是否超过了所选材料的最大伸长率。

影响裂纹产生的因素是多方面的,主要有以下几个方面:材料塑性差;弯曲线与板料轧纹方向夹角不符合规定;排样时,若单向 V 形弯曲,弯曲线应垂直于轧纹方向，若双向弯曲，弯曲线与轧纹方向最好成 45°；弯曲半径过小；毛坯剪切和冲裁断面质量差；毛刺、裂纹；凸凹模圆角半径磨损或间隙过小；进料阻力增大；润滑不够，摩擦力较大；料厚尺寸严重超差，进料困难；酸洗质量差。

7.2.3　翻边拉毛

表面擦伤的主要原因包括模具工作部分选材不当、热处理硬度低、凹模圆角磨损，光洁度差、弯曲毛坯表面质量差（有锈、结疤等）、材料厚度超差、工艺方案选择不合理、缺少润滑等。翻边过程中拉毛的起因多数是因为模具表面的光洁度不够（包括模具工作表面的杂物干扰），也有因为模具间隙过小造成的拉毛。解决对策主要有：

(1)对模具表面进行处理，增加表面硬度（通过淬火处理来提高翻边镶块表面硬度）。翻边镶块基体材质为 ICD－5、7CrSiMnMoV 时，采用火焰淬火＋自然冷却；翻边镶块基体材质为 Cr12MoV、SKD 11 时，采用真空淬火。

(2)提高翻边镶块表面光度。对于基体材质为 MoCr 铸铁或者 GM241、GM246 合金铸铁的，采用镀钛、镀硬铬等表面处理方式。对于基体材质为 Cr12MoV、SKD11 锻件的，采用 TD 覆层、PVC、PVD 等表面处理方式。

(3)翻边间隙小造成的拉毛，将翻边模凸凹模间隙调整到合适值$(1.05\sim1.1)t$，其中 t 为板料厚度。

7.2.4　翻边起皱

翻边起皱问题在冲压件内凹翻边时常常出现，由于板料在流动时向中间聚集，造成多余的板料没有办法释放，因此会起皱甚至叠料。这类问题除了跟模具间隙有关系外，还跟冲压工艺有一定的关系。当问题发生时，除了要检修模具之外，还要考虑制件的工艺是否合理，以及制件的起皱是否可以被接受。

主要解决对策：①调整模具间隙（适当调大翻边间隙），缓和起皱部位。②在起皱部位设计吸皱筋，解决起皱问题。

7.2.5　翻边回弹

伴随有弹性变形，当外载荷去除后，塑性变形保留下来，而弹性变形会完全消失，使翻边件的形状和尺寸发生变化而与模具尺寸不一致，这种现象叫作回弹。

(1)回弹产生的原因分析

产生回弹的原因主要有以下方面：

① 压料芯对回弹的影响

如与翻边相连部位存在台阶的截面形状，翻边极易回弹，需保证压料芯台阶位置墩死，防止制件翻边后型面发生回弹。

② 翻边间隙对回弹的影响

当凸凹模间隙过大时，回弹、制件尺寸和形状不易保证；当间隙过小时，翻边力增大，且使工件变薄，降低模具寿命。凸凹模间隙选取原则分为两个方面(间隙与材料机械性能和板厚有关)。钢板：间隙 $C=(1.05\sim1.15)t$；有色金属：间隙 $C=(1.0\sim1.1)t$，其中，t 为工件料厚。

实际上，精确地确定翻边间隙是相当复杂的，影响翻边间隙的因素非常多，有些因素是不可控的。从工序件本身的形状，翻边展开的精确程度到板料厚度公差、模具制造精度以及压力机的导轨间隙，都对其产生影响，因此翻边间隙需要在模具调试时最后确定。为便于调整，翻边间隙取值可以参考：切向应力为零(直线翻边)取 $(0.9\sim0.95)t$；切向压应力为负(外曲翻边)取 $(0.8\sim0.85)t$；切向压应力为正(内曲翻边)取 $(1.0\sim1.05)t$。

③ 凸模圆角半径对回弹的影响

凸模圆角半径越大制件越容易产生回弹，模具设计时凸模圆角半径要同时满足条件：凸模圆角半径等于弯曲件内侧的圆角半径，且凸模圆角半径大于材料最小弯曲半径。否则，后序需增加整形工序。

④ 凸模工作行程对翻边回弹的影响

当翻边断面形状为直线时，制件末端距离凹模圆角 R 切点最小为 3mm。翻边线变化较大时，为保证翻边质量，一个冲压方向不能一次翻边成形时要分两次进行，但两序相接处交刀量最少为 40mm。

⑤ 材料的力学性能

材料的力学性能越强，制件回弹越大。

(2)减少回弹的主要措施

为减少回弹，可采取以下措施：

① 采取适当的翻边工艺。采用校正翻边代替自由翻边；对冷作硬化的材料须先退火，使其屈服点降低，对回弹较大的材料，必要时可采用先加热

后翻边;采用先拉延后整形翻边工艺,降低回弹风险。

② 改进翻边零件的设计。尽量避免选用过大的 r/t,其中 r 为圆角半径,t 为料厚,如有可能,在翻边区设计加强筋,以提高零件的刚度,抑制回弹;尽量选用抗拉强度小、力学性能稳定和板料厚度波动小的材料。

③ 合理设计翻边模。对于较硬材料,可根据回弹值对模具工作部分的形状和尺寸进行修正;对于软材料,其回弹角小于 5°时,可在模具上作出补偿角并取较小的凸凹模间隙。

7.3 大型曲面拉伸件常见缺陷分析

7.3.1 大型曲面制件的拉伸特点

(1)变形特点

大型曲面制件的变形特点是:周边为拉伸,内部则有胀形成分。表面形状靠压料面外部材料来补充,而内部则靠材料延伸来满足胀形的要求。同时,由于拉伸深度不一、形状复杂、变形部分周边分布不均,因此控制材料的流向及流速极为重要。大型曲面制件的局部既易起皱又易开裂。

(2)要有足够稳定的压边力

大型曲面制件不仅要求要有一定的拉伸力,而且要求在其拉伸过程中具有足够的稳定的压边力。此类制件往往是轮廓尺寸较大、深度较深的空间曲面,所以需用变形力和压边力都较大。在普通带气垫的单动压力机上,压边力只有名义吨位的 1/6 左右,而且压边力也不稳定,难以满足此类制件的工艺要求。因此在大量生产中,此类制件的拉伸均在双动压力机上进行。双动压力机具有拉伸和压边的两个滑块,即内滑块和外滑块,压边力可达到总拉伸力的 40%~50%,能满足制件周边变形分布不均的要求,且压边力稳定,易得到刚度较好的拉伸件。实际生产中,需要考虑压力机成本而选择合适的压力机。

(3)拉伸件必须有足够的刚度

此类制件大多是作为机械的外壳,要求有足够的刚度(使用中不会发生颤抖和噪音)和尺寸稳定性(保证焊接、装配质量)。这就要求在拉伸过程中使材料各部位受到均匀的拉应力(最理想的是双向拉应力状态),且使拉应力超过屈服极限,而低于强度极限,制件的弹性恢复减少到最低限度,形状不至于产生畸变,同时也不至于破裂。

7.3.2 常见缺陷及原因分析

大型曲面拉伸件常见的缺陷有:裂纹和破裂、皱纹和折纹、冲撞痕线、线偏移、麻点、表面粗糙、棱线不清、刚性差和表面划痕(拉伤)等。

(1)裂纹和破裂

裂纹和破裂产生的主要原因是局部毛坯受到的拉应力超过了强度极限所致。

具体影响的原因有:

① 材料的冲压性能差。

首先是板料厚度超差。当板料厚度超过上偏差时,局部间隙小的区域进料时会卡死,冲压变形困难,材料因不易通过该处凹模内而被拉断;当板料厚度超过下偏差时,材料变薄,横剖面单位面积上的压应力增大,或者由于材料变薄,阻力减小,流入凹模内的板料过多而先形成皱纹,这时材料因不易流动而被拉裂。

试拉伸用板材,要首先确定板材的压延日期,因为时效也会引起破裂。当确认板材压延后存放时间已久,就要换成没有时效危险的材料,以排除时效对材质的影响。

其次是材料表面质量差(如划痕引起应力集中、锈蚀增大阻力等),这也会引起开裂。

② 压料面的进料阻力过大。

毛坯外形大,压料筋槽间隙小,凹模圆角半径过小,外滑块调得过深,拉延筋过高,压料面和凹模圆角半径光洁度差。

当坯料尺寸比压边圈大时,拉伸开始之后,坯料外露部分就产生起皱,它同“拉延筋”的功能一样,继续拉伸会使其破裂。在试拉伸阶段,为了确定“拉延筋”的位置,有时故意使毛坯露在压边圈外。一般来说,即使是大坯料局部胀形,其原则仍是毛坯用压边圈压住后再进行加压。

由于拉延筋张力过大而引起破裂时,可以通过改变拉延筋形状来判断拉延筋的位置与材料的流入过程,即综合判断确定拉延筋与毛坯形状的关系。

拉伸件角部靠近 R 角部分的侧壁有亮点并产生破裂时，这是由间隙过小引起的。因此，只要修正间隙，消除亮点，即可防止破裂。若不是全部角部，只是某个角部发亮并产生破裂时，其原因是导向装置不好或者只是某角部的尺寸精度差。由于凸、凹模与压边圈之间的垂直度差，在拉伸过程中间隙产生变化，引起破裂。找出原因后消除光亮部位，可防止破裂。

如果模具制造不当，在拉伸过程中就会产生热胶着，材料在拉伸时也往往会破裂。在试拉伸时，用不经表面硬化处理的模具拉伸，也往往会发生上述情况。在拉伸件和模具之间使用聚乙烯薄膜和聚氯乙烯薄膜能防止破裂和拉伸伤痕的发生，也可以用热处理和表面硬化处理的办法解决。当压边圈刚性不好时，材料只在缓冲销部位受到强烈拉力，而压边圈板面的其他部位产生挠曲，由此造成起皱并成为破裂的原因。如果缓冲销压力降低，凸缘面就会全部起皱，而起皱是破裂的直接原因。

③ 局部拉伸量太大。

拉伸变形超过了材料变形极限而产生开裂。深拉伸的极限是在设计阶段确定的，在极限附近进行拉伸时，要用表面光洁、平整的材料，综合模具配合和研磨、加工润滑油、缓冲压力、压力机精度等现场条件，进行试验拉伸。

④ 毛坯定位不良。

即使毛坯形状良好，但如果调整位置不好，或者放置方位不对，这时凸模与毛坯产生错位，也会产生破裂或起皱。如果在操作中把毛坯放偏，造成一边压料过大，一边压料过小。过大的一边则进料困难，造成开裂；过小的一边则进料过多，易起皱，皱后进料困难，引起破裂。

⑤ 润滑不良。

若不按工艺规定涂润滑剂，后阻力增大，会因进料困难而造成开裂。加工油的选择非常重要。区别润滑油是否合适的方法是当将制品从模具内取出来时，如果制品温度高到不能用手触摸的程度，就必须重新考虑润滑油的选择和润滑方法。

在拉伸过程中，最重要的因素之一是不能将润滑油的油膜破裂。凸模侧壁温度上升而使材料软化，是引起故障的原因。因此，在进行深拉伸时，要尽量减少因拉伸引起的摩擦，还需要同时考虑积极的冷却方案。

⑥ 冲模安装不当或压力机精度差。

冲模安装不当会引起间隙偏斜，造成进料阻力不均。

压力机精度不良对于浅拉伸影响不大。当使用曲柄压力机进行深拉伸时，如果精度不良，就要受到明显的影响从而产生开裂。所以，保证机床精度是拉伸加工的基础。

模具安装不良、上下模不对中也会造成开裂。近年来，几乎所有的模具都备有导向装置，因此由于模具不对中产生的故障已很少见。

(2)皱纹和折纹

皱纹产生的原因主要是由局部毛坯受压引起失稳和材料流向不均引起局部材料堆积而产生皱纹。在调查折皱发生的原因时，要仔细观察折皱发生的部位、形状和方向。同时，还不能忽略与制品的接触状态、冲撞痕线等在制品上可能出现的变化，并根据这些因素进行综合分析，找出其原因。

① 制件的冲压工艺性差。

若冲压方向和压料面形状确定不当，则很难控制材料的流动速度，会引起皱纹。若制品深度太深，则压缩凸缘部位的板厚会增厚，当达到某种极限时会发生折皱，而折皱又会引起 R 角部位破裂。消除碰撞印痕和改变制品形状，一般都可解决上述缺陷。当深制品用小角 R 拉伸时，角部会发生折皱并引起破裂。如果角部 R 设计不合理，而拉伸深度又要满足图纸要求，那么这种拉伸就无法实现。

② 压边力不足。

因压料面的进料阻力太小、进料过多而起皱。这时，可通过调节外滑块压力或改变拉伸毛坯局部形状，增加压料面积来消除，或局部增加拉延筋来增大进料阻力。

当折皱在凸缘四周均匀产生时，应判断为压边力不足。注意，也有折皱和破裂混同发生的情况。深拉伸的要点是首先绝对控制折皱的发生，然后再防止其破裂。压边力偏低时，折皱会在四周增高。此时逐渐提高压边力，就可消除折皱。其次，在角部的凸缘上找出光亮部分，变换一下折皱的形状和位置，即可改善状态。

③ 压料面配合不良。

压料面接触不好，严重时形成里松外紧。材料通过外紧区域后，压料圈就失去压料作用，造成进料过多，产生皱纹。这时，要重新研磨压料面，保证全面接触，允许稍有里紧外松。

拉伸加工是通过凹模平面和压边圈来控制材料均匀流动的，而板厚随冲压行程作相应变化，因此，必须通过研磨使其适应这种变化。浅拉伸时，由于板厚的变化量小，对圆筒和方筒的拉伸凹模面和压边圈平面只要磨平就行，所以研磨并没有问题。然而，当进行深拉伸时，板厚的变化很大，所以必须与模具进行很好的配合。

④ 涂油润滑过多。

加工油的好坏与折皱和破裂的产生有直接关系。将压力机条件固定下来，只改变加工油，如果产生折皱和破裂，就又变更加工油，这是一条成功的经验。尤其在深拉伸时，若检查折皱和破裂以及压边力与加工油的关系，应能找到最佳的加工条件。

⑤ 压力机精度差

如果压力机的精度差，就会引起折皱并出现破裂。尤其在进行深拉伸时，这种现象就更容易出现。因此，试模压力机需进行定期检查，以保证其精度。若用外滑块调整不当造成倾斜而使各处压料面压力不均时，松的地方也易起皱。

⑥ 毛坯形状选择的影响

毛坯形状，特别修边线外的形状，对于控制材料的移动是非常重要的。深拉伸时，其成形性能受角部毛坯形状的影响，变化非常大；异形制品拉伸时，为了达到制品的表面精度和形状精度，采用将拉伸成形转化成胀形的方法。这时，多半要求改变凸模曲线，并与毛坯形状互相配合，共同控制材料的流动。因此，在试模阶段，毛坯形状与模具的配合是一项非常重要的工作。

(3)冲撞痕线

在进行拉伸或者胀形加工时，在成形初期，凸模圆角半径部位、凹模圆角半径部位或与拉延筋相接部分的材料发生弯曲，而到成形结束时，成形件的侧壁上形成与成形方向垂直的带状线条。这种带状线条在单弯曲的情况下往往随着板厚的减少而减少。

上模下降使材料与压边圈保持接触状态。接着，当材料开始流入时，模具与材料的摩擦状态从静摩擦转移。材料刚刚开始流入之前的静摩擦力很大，材料弯曲部分引起加工硬化和使料厚减薄，但这一部分随着材料的流动由静摩擦转变为动摩擦状态，摩擦阻力大幅度减小。因此，原来的弯曲形状没有被拉直而作为冲撞痕线而遗留下来。

① 由凹模圆角半径产生的冲撞痕线。

进行阶梯形拉伸时，凹模圆角半径要尽可能大，为了防止冲撞痕线和拉伸伤痕，凹模圆角要认真进行研磨。若能同时进行镀硬铬、TD处理等表面硬化处理，则效果更佳。

② 由凸模圆角半径引起的冲撞痕线。

进行凸缘延伸加工时，在成形过程中，凸模圆角半径部位受拉伸弯曲加工的材料移动到侧壁后，会使冲撞痕线残留下来。将凸模圆角半径尽可能增大，冲撞痕线就会变浅。消除由于侧壁减薄而发生的冲撞痕线，通过反拉伸、精整等消除侧壁减薄而发生的冲撞痕线。

③ 由拉延筋引起的冲撞痕线。

当用凹模和压边圈夹紧材料时，上模下降，在接触材料的瞬间，拉延筋部分的材料在静摩擦状态下被拉伸弯曲加工，引起加工硬化和板厚减少，成形后也会产生冲撞痕线而残留下来。

从制品上完全消除冲撞痕线的方法：成形异形制品时，需要改变凹模平面形状、凸模轮廓、凸模形状而进行延伸，以达到与使用拉延筋同样的效果；如果允许反面有冲撞痕线，可用拉延筋控制材料只从反面流入；要使冲撞痕线在制品形状之外，可将拉延筋的位置向外移；增加工序。例如，对方形筒拉伸时，首先不用拉延筋进行拉伸，在下一道工序时，在制品形状外安装拉延筋，能完全控制材料的流入并增加拉伸深度，去除回弹瘪陷；拉伸拱面形时，将压边圈做成反锥形以代替拉延筋。反锥的角度为6°～8°。

将产生的冲撞痕线尽可能变浅的主要方法：将拉延筋半径尽可能增大；对拉延筋进行精加工；给拉延筋镀硬铬；用精整，反拉伸等工艺进行变薄拉伸。

④ 成形过程中发生的冲撞痕线。

在成形过程中，侧壁部拉力的急骤变化会产生这种冲撞痕线。例如，坯料越过拉延筋顶部后拉力急骤下降，或者在凸缘延伸加工时，由于切口或工艺孔、拉力急骤减少，都可能产生冲撞痕线。

主要消除方法：由于尺寸小，在成形结束前毛坯就脱离拉延筋时，可将拉延筋的位置移向内侧，或者增大毛坯尺寸；由于修整线以外部分拉伸破裂、壁部拉力急骤减少而产生冲撞痕线时，应采取防破裂措施；为了防止凸缘延伸部分破裂，可用切口或冲工艺孔的办法，但由此会因拉力减少而发生冲撞痕线。通过切口和拉延筋并用，尽量避免拉力急骤减少，从而达到防止冲撞痕线的产生；有冲撞痕线的地方，通过精整等方法使之拉伸、变浅。

(4)线偏移

线偏移是指成形初期或过程中发生的棱线偏移，如果能模糊地看到制品的凸起部或棱线的 R(半径)有大的偏移，或者能看到两根棱线，都称为线偏移。外观很重要的制品，如果发生折线、冲撞痕线或者线偏移，就会影响表面质量。尤其是发生线偏移时，在修整阶段难以消除，故在模具设计阶段就应采取防止发生线偏移的措施，这一点非常重要。

产生线偏移的原因大致分为四种情况。根据原因不同，又分为生产过程中大量出现的线偏移和偶尔发生的线偏移。后一种情况因线偏移严重程度不同，方向也不一致。

当制品上有多根棱线时，一般线偏移多集中于某一根棱线上。即使只有一根棱线，也会出现部分线偏移或部分线偏移的方向改变。如果线偏移发生在两侧，则表明上述两种情况均有。因此，在采取措施时，必须从成形开始到结束，分几个阶段对材料的变化进行仔细检查，以便采取相应措施。

① 成形初期，由于材料又一次移动而产生的线偏移。

压边圈板面与压延方向成倾斜配置时，凹模与压边圈碰撞后的瞬间产生棱线，凹模继续下降，当达到成形后的位置时，棱线产生移动，因而产生线偏移。

首先，应在模具设计阶段消除线偏移发生的因素。其次，消极的方法是将毛坏进行预弯曲。

② 由拉力差引起的线偏移。

由拉力差引起的线偏移是指在成形过程中，由于拉延筋和压边圈的接触状态不良，造成某一部分起的作用太大。或者是由于毛坯形状、成形形状等方面的原因，破坏了材料流入的平衡，棱线发生整体或局部偏移，从而形成线偏移。

由拉伸引起的不平衡原因是多种多样的，重要的是要正确地找出原因。例如，在试模时发生线偏移，可将成形过程中各阶段的制品取出并加以观察比较，要详细观察、检查由拉延筋引起的冲撞痕线的移动状况；毛坯形状的外形变化状况；由于凹模圆角半径部位引起的冲撞痕线变化及凸模形状变化；线偏移发生时；检查模具是否有碰撞或者是否由于间隙不当而有发亮等状况。

一般来说，原因是多方面的。因此，要找到并判断出影响最大的因素，以便采取措施。同时，要观察线偏移的变化，采取使材料流入均匀的措施。

● 使压边力均匀。将凹模平面涂上红丹粉，检查模具的接触状态，然后消除发生强烈碰撞的部位。

● 通过拉延筋调整拉伸力。拉伸力太大时，或更换拉延筋，或调整拉延筋的凸起部位。如果拉伸只需稍加调整时，只要将拉延筋顶部的 R 修大，并认真研磨即可；如果只需局部调整拉伸力时，则在局部采取上述方法予以调整。

● 改变毛坯形状。改变毛坯形状，调整材料流入状况。

● 改变并调整凹模圆角半径（r_d）。如果要降低拉伸力，可将 r_d 增大；如果要局部调整材料流入量，可改变该部位的 r_d；如果想拉伸力全部减小一点，可沿着材料的移动方向对 r_d 进行仔细研磨。

● 通过加工油进行调整。通过改变加工油的种类、涂敷量、涂敷位置来调整拉伸力。试模时虽然能利用加工油调整拉伸力，但由于在批量生产时实际上不可能应用，所以必须尽可能减少加工油对模具配合的影响。

● 增大棱线圆角半径，即增大线偏移部位的棱线圆角半径。

● 切口的时间调整。切口的瞬时，拉伸的均衡受到影响，往往会发生冲撞痕线或者线偏移。可通过调整切口时间，或安装弱拉延筋，以避免拉伸力激烈变化。

● 分工序进行。如果用其他办法都不能消除线偏移时，可分成几道工序进行精整，对棱线进行改造。

③ 由材料的延伸量之差引起的线偏移。

在成形过程中，材料从压边圈通过凹模圆角半径流入，形成与凸模形状相同的制品。同时，材料自身由压边圈引起的拉伸力还会使材料本身相应延伸。即使从压边圈流入的材料是均匀的，但由于 R 角两侧引伸量不同，材料也会产生移动，从而产生线偏移。

基本上应在设计阶段便要预测到线偏移的发生，并采取相应措施。其方法是通过改变凸模轮廓、设计工艺余料、改变压延方向等来减少差值。消极的方法是增大棱线圆角半径 R，使棱线变模糊。

④ 由于形状复杂而引起的线偏移。

制品形状如有很多凸凹形状起伏，在成形过程中，材料相对于棱线移动的倾向加剧，此时发生线偏移的情况往往很复杂。但一般可考虑是延伸量之差的原因，成形过程中，它会使制品同时在多处发生线偏移。

消除的基本方法是在成形过程中调整各部分材料的流入，并在修整线外的余量和成形方向上想办法，以达到成形形状的平衡。消极的方法是：为了将线偏移弄模糊，可增大棱线圆角半径 R。必须进行切口时，时间应适时，并避免拉伸力急骤变化。

(5)麻点

由于凹模平面带有异物，使制品表面出现凹凸不平的现象称为麻点。麻点发生的原因有下面几种：

① 压力机附近的尘土落下后粘在模具或者材料上(环境原因)。

② 窗边、通道附近的压力机，由于风或者汽车出入扬起的灰尘粘在模具和材料上(环境原因)。

③ 压力机附近的安全通道通过叉车时，排出的气体使灰尘飞扬(环境原因)。

④ 使用铸模时，从气孔吸入铸砂或灰尘，成为产生麻点的原因(模具问题)。

⑤ 在坯料上涂加工油时，毛刷的毛脱落而沾在毛坯上；或者用滚筒涂油时，滚筒上掉下来的碎屑和油一起涂了上去(润滑问题)。

⑥ 清理毛坯时，由于清理不干净，残留下落料时的“须状物”(清扫问题)。

⑦ 聚氯乙烯薄膜破屑、表面处理钢板(镀铅锡钢板、镀锌钢板、镀锡钢板等)的减薄废屑粘在模具内，使制品发生麻点(模具问题)。

主要消除方法：为了防止麻点，首先要求工作环境整洁；其次，应消除作业中的其他不良因素。用液体润滑剂洗净制品的方法尤其有效。

(6)表面粗糙

冲压加工时，变形部分表面出现像橘子皮那样的凹凸状，就是表面粗糙。表面粗糙度达到十几微米以上时，一般要油漆 2～4 次才能覆盖住，但是油漆面的光洁度也不好，因此仍难弥补表面粗糙。当产生表面粗糙时，或者喷上一层雾化油灰，或者根据情况需要，用打磨器将其去除。对于表面粗糙问题，必须特别注意。

表面粗糙缺陷可分为冶金方面的原因及加工方面的原因。它们的特征是:前者引起的表面粗糙发生在制品的整个表面,而后者引起的表面粗糙发生在加工超限的地方,也就是说是局部发生。

① 冶金方面的原因及消除方法

一般认为,表面粗糙与材料的晶粒大小有密切关系。对压延材料进行退火处理,可改变晶粒的大小。一般情况下,结晶温度越高,压延率越小,而处理时间越长,晶粒越大。如果晶粒变粗(大),拉伸强度就会降低,而延伸率提高,硬度降低。

当进行深拉伸时,选择强度极限大,即晶粒较小的材料较好。例如不锈钢板,市场出售的晶粒度代号在 NO.5.5～9.0 的范围之内(数字越小,晶粒越大)。一般认为,铝板从 400 粒/mm^2 开始就有发生表面粗糙的危险。

使用不易产生表面粗糙的材料,或者即使表面粗糙多少发生一些,但不会引起大问题的材料。但在使用容易发生表面粗糙的材料又必须进行条件要求高的加工时,就需要和材料生产厂方事先达成协议,使生产时不发生事故。从钢种来看,全脱氧钢(镇静钢)比沸腾钢好,因前者产生的表面粗糙较小,但成本高。

② 加工方面的原因及消除方法

由加工引起的表面粗糙,其特征是局限在超过加工极限的部位。当表面粗糙进一步发展,就会出现"凹槽",即该部位的板厚局部变薄,条件如再进一步恶化,就会破裂。防止这种表面粗糙的措施是要找到产生的原因,最必要的处置办法是使表面粗糙部分的变形量减小。

消除方法:改变成形条件;改变成形形状;将工序分开进行,使变形分散;严格执行中间退火工艺规范。

(7)棱线不清

制件从外表观察,要求棱线清晰。如果压力机的压力不够,则在拉伸成形中,在材料变形过程终止时,得不到足够墩死的压力,造成棱线不清。冲模的导向不好,工作部分间隙不均匀,或凸模及凹模安装不正确(倾斜),压力机的平行度不好也会引起棱线不清。

(8)刚性差

形成刚性差的主要原因除制件工艺性不好外,主要是由压料面的进料阻力太小、塑性变形不够引起的。此时可考虑增加拉延筋或将圆式拉延筋改为槛式拉延筋,以增大进料阻力。这也是单动压力机拉伸出来的制件的刚度比双动压力机拉伸出来的制件差的原因。

(9)表面划痕(拉伤)

表面划痕通常有如下原因造成:凹模圆角部分光洁度不够,这样在拉伸过程中材料被划伤,并有可能使材料黏附在凹模上而形成划痕;由于脏物落入凹模中或拉伸油不干净,也会划伤制件表面;如果压料面是由镶块组成的,则由于镶块结合不好,也会造成划痕;由于工艺补充部分过小,通过凹模口的划痕没有被切去。

第8章　汽车冲压新技术

现代汽车冲压件正朝着结构复杂化、模块化、轻量化和高强度等方向发展，传统的汽车冲压件成形工艺已经不能满足车身制造的要求，一些企业开始广泛研究和开发板材成形新技术，这就促进了特种冲压成形技术发展。热冲压成形、内高压成形及铝合金等新工艺、新材料在汽车冲压件成形中得到广泛应用。

8.1　热冲压成形

8.1.1　热冲压成形工艺

采用热冲压成形工艺，可降低汽车车身所用高强度或超高强度钢板的厚度，同时由于冲压的强度得到大幅度提高，车身上的加强板、加强梁可以大量减少，从而减轻车身的重量，同等条件下提高了车身的防撞安全性。在热冲压过程中，钢板的热变形能力得到大幅提高，冲压变形所需的压力降低（800t 压力机就可以满足生产要求）。在热状态下冲压，冲压件回弹大幅降低甚至消除。

（1）热冲压成形原理

将抗拉强度为 400～600MPa 的硼钢通过冷冲压落料或剪板机下料制得初始坯料，将初始坯料放入加热炉中，加热到 AC_3 线左右，充分奥氏体化，然后快速移到压力机中，通过带有冷却系统的模具合模、成形、保压并冷却到 100℃～200℃，最后室温冷却，形成马氏体组织抗拉强度可到 1500MPa 的产品件。

热冲压成形由以下几个工序组成。

① 落料：是热冲压成形中的第一道工序，把板材冲压出所需外轮廓坯料。

② 奥氏体化：包括加热和保温两个阶段。这一工序的目的在于将钢板加热到一个合适的温度，使钢板完全奥氏体化，并且具有良好的塑性。加热所使用的设备为专用的连续加热炉，钢板在加热到再结晶温度以上之后，表面很容易氧化，生成氧化皮，这层氧化皮会对后续的加工造成不利的影响。为了避免或减少钢板在加热炉中的氧化，一般在加热炉内设置惰性气体保护机制，或者对板料进行表面防氧化处理。

③ 转移：指的是将加热后的钢板从加热炉中取出并放进热成形模具中去。在这一道工序中，必须保证钢板尽可能快地被转移到模具中，一方面是为了防止高温下的钢板氧化，另一方面是为了确保钢板在成形时仍然处在较高的温度下，以具有良好的塑性。

④ 冲压和淬火：在将钢板放进模具之后，要立即对钢板进行冲压成形，以免温度下降过多影响钢板的成形性能。成形以后模具要合模保压一段时间，一方面是为了控制零件的形状，另一方面是利用模具中设置的冷却装置对钢板进行淬火，使零件形成均匀的马氏体组织，获得良好的尺寸精度和机械性能。研究表明，就目前常用的热冲压钢材而言，实现奥氏体向马氏体转变的最小冷却速率为(27～30)℃/s，因此要保证模具对板料的冷却速度大于此临界值。

(2)工序件后处理

后处理主要包括激光切割、抛丸、表面处理等内容。因为激光切割成本较高且效率偏低，对精度要求不高的止口可通过落料及热成形过程控制。抛丸的主要作用是除去冲压件表面氧化皮，以得到表面质量较高的产品件。表面处理又可分为涂油、电泳等，使用防锈油既要达到防锈的目的，又不能影响白车身涂装，利用电极离子吸附原理使涂料均匀吸附在产品的表面，从而达到产品具有完美的外观及耐酸碱防腐的特殊性能。

8.1.2 热成形冲压件工艺分析

(1)翻边工艺

热成形零件翻边中拉延的法兰边区域有很高的起皱、开裂倾向。外凸翻边的最终线长度比初始长度短而产生压缩法兰边，容易导致起皱和叠料，其起皱的趋势随翻边高度的增加而增大。内凹翻边属于伸长类翻边，产生拉伸法兰边，竖边的长度在成形过程中会被拉长。当变形程度过大时，竖边边缘的切向伸长和厚度减薄就比较大，容易发生拉裂。法兰边越高，拉伸失稳就越明显。无论是外凸翻边还是内凹翻边，都应降低翻边高度和曲率。总体上说，热成形冲压件柱不宜有翻边，尤其是90°的翻边特征，如图8-1a所示。翻边特征转角很急的情况下要做缺口改进，以避免局部堆料或开裂，如图8-1b所示。

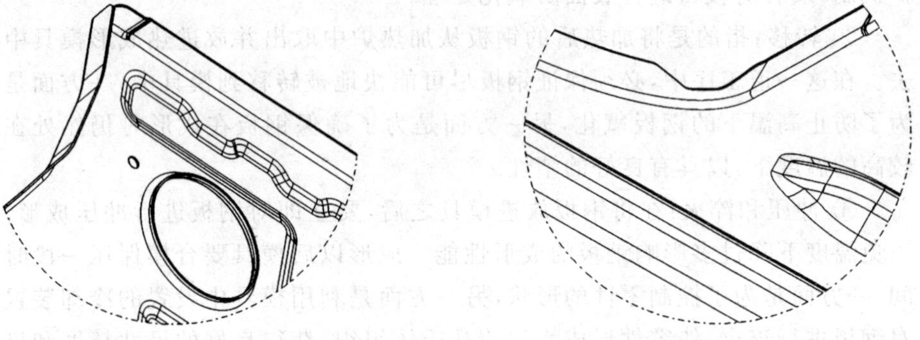

a)　　b)

图8-1　翻孔与翻边缺口

(2)拉延工艺

① 拉延深度

降低拉延深度且成形深度尽可能相同，应能够采用一次拉延成形，避免多道次拉伸。在冷拉伸成形中，零件易在凸模圆角处开裂。在拉伸成形时，板料与模具在凸凹模圆角处先接触，导致这些部位首先冷却硬化，变形抗力增大。变形将转向温度较高、具有良好塑性流动性的拉延侧壁，导致应变集中。

由于侧壁处于平面应变状态，拉延深度的增加依靠材料厚度的减薄，因而易产生拉裂，且拉裂的倾向随着拉伸深度的增加而加剧。

② 拔模角

热成形冲压拉延应采用锥形($\alpha \geqslant 97°$)或是抛物线形拉伸成形(如图8-2所示)，热冲压件截面形状上应避免直壁和阶梯形零件的拉伸成形。直壁和阶梯形截面形状在成形过程中，材料流动阻力增大，且热板料与模具的接触状况差，接触压力低，甚至出现不与模具接触的非接触区域，影响板料快速淬火。

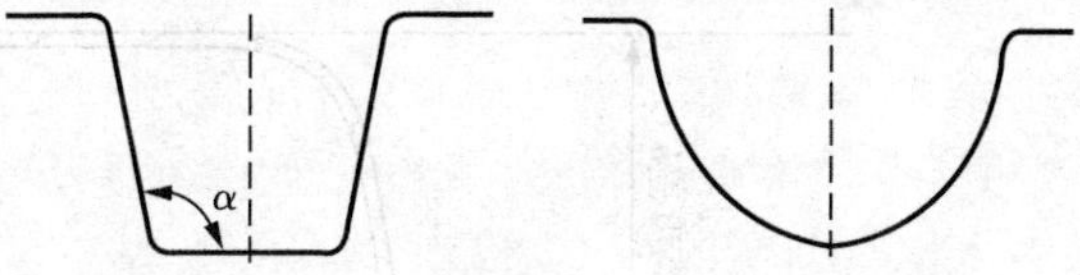

图 8－2　锥形拉伸成形与抛物线拉伸成形

因为在模具制造过程中会根据压料面积、受力均衡、冲压负角等因素选择冲压方向，所以在考虑拔模角度的同时关注局部造型特征，避免产生负角或深度过大。

③ 产品局部结构

● 反成形优化

结构中应避免出现较深和较大区域的反向冲压成形。反冲结构容易产生堆料，若无法避免，则应采用较大的过渡圆角，反冲区域的形状特征以尽可能平顺过渡为特点，防止引发由高温度梯度导致的局部变形，从而降低起裂风险。

● 避免高落差急剧变化

板料与模具间存在接触时序上的差异（如图 8－3 所示），急剧的几何形状过渡将会造成接触时序相差更大，更易产生高的温度梯度，加剧应变集中。热成形冲压件的形状设计必须平缓过渡，增加过渡圆角半径，尽可能地减少变形过程中不与模具接触的板料面积。减小零件沿长度方向的弯曲角度。过大的弯曲角度会使冲压方向的选择变得困难，影响零件的成形。

● R 角

拐角处尽可能地以球化 R 接顺，且尽可能的大；锁扣位和门铰链位的凸包在满足功能要求的情况下，尽可能降低凸包高度，且凸包面的角度要尽可能的大，然后倒 R15mm 以上圆角；孔位凸包不能做得太深，且周边 R 角和斜度都必须做大，以防止因局部缺料而拉薄拉裂。

● 整体结构

热成形冲压件应尽量采用规则的形状设计，降低不对称度，截面形状应该尽量简单对称。对称度较差的零件设计会导致坯料难以定位。在成形过程中，坯料还可能产生转动，模具与坯料接触状态差，甚至影响材料的流动

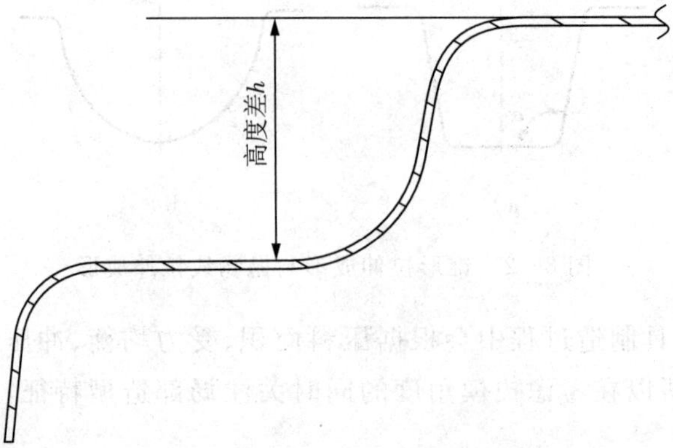

图 8-3 热成形件局部造型

和淬火冷却。

应避免封闭式设计,采用开放式设计。尽可能采取弯曲成形,以降低法兰边产生起皱、减薄以及拉裂的风险。封闭式的“杯状”结构会导致成形过程中材料在凸凹模拐角处产生压缩变形和起皱,因此需要采用合适的压边力。

有起皱倾向的区域(如 B 柱零件端部的设计中)应该设置吸皱筋,如图 8-4 所示。

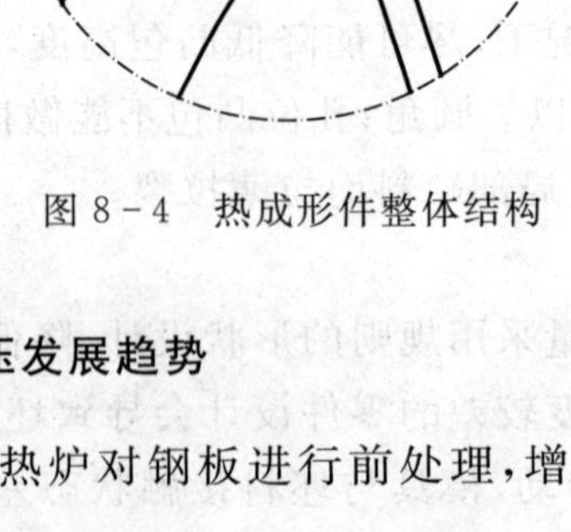

图 8-4 热成形件整体结构

8.1.3 热成形冲压发展趋势

由于热冲压需要加热炉对钢板进行前处理,增加了加热设备及其能耗这一大环节。生产过程中由于需要加热和保压(淬火),从而增加了生产时间,生产效率也因此降低。此外,由于热冲压成熟的技术设备,特别是热冲压使用的压机、模具、激光切割机以及全套设备的自动控制系统基本由国外公司掌控,技术封锁严密,所以设备投资大。

目前,热冲压技术应用的主要问题还有:

(1)零部件成本高。现阶段热冲压 Al-Si 镀层钢板、轧制差厚板和激光拼焊板全部从国外进口,增加了原材料成本,同时冲压件成本都比冷冲压高很多。

(2)原材料来源少。现阶段 Al-Si 镀层等厚钢板和激光拼焊板受专利保护,只能进口。轧制差厚板也只有德国供应商能够提供。虽然国内(如宝钢等企业)已研制出类似材料,但因生产工艺不成熟,不能批量供货。

(3)软模件质量差。用不带镀层的钢板加工快速软模零件时,由于加热阶段不带保护气氛,导致零件表面质量很差。模具不带冷却管道,导致零件性能的稳定性无法保证。

随着汽车环保和安全法规的日益严格,热成形已被各大汽车厂广泛采用。奥迪 A3 达到 21.7%,占骨架重量的 26.4%。国内车企对热冲压成形技术的应用理念正向国际先进车企靠拢。热成形部件的应用可实现“理想载荷传递路径”的构建,即车身呈“笼”式结构,前舱布置四条纵向能量流吸收和传递通路,两条连通前后保险杆的纵向大梁。此外,A 柱、B 柱、前门防撞板采用超高强度的热成形钢板,其实际抗拉强度超过 1500MPa。这种设计使得在前碰时确保了座舱的完整性,减少了侧碰时车身的侵入量,提高了碰撞安全性。自主品牌产品技术实力的提升导致对新技术的需求更为迫切。

8.2 液压成形

8.2.1 液压成形原理

液压成形也被称为“内高压成形”,它的基本原理是以管材作为坯料,在管材内部施加超高压液体。同时,对管坯的两端施加轴向推力,进行补料。

在这两种外力的共同作用下，管坯材料发生塑性变形，并最终与模具型腔内壁贴合，得到形状与精度均符合技术要求的中空零件。

液压成形过程通常包含合模、充液、保压、开模取件四个阶段（如图 8 - 5 所示）。

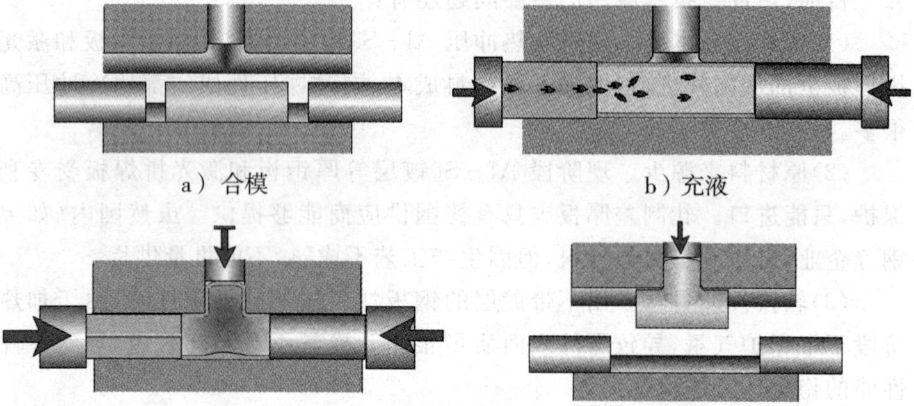

a）合模　b）充液

c）　保压　d）开模

图 8 - 5　液压成形过程

影响管件液压成形质量的因素较多，包括管件原料的选择（材料与尺寸）、成形模具的设计、成形过程中内部液体压力、轴向载荷的大小与控制、内压与轴向进给的合理匹配关系、润滑剂的选用等，如果其中的一项选用不当，就将引起成形零件产生起皱、破裂等缺陷。

在汽车工业及航空航天等领域，通过减轻结构质量以节约运行中的能量是人们长期追求的目标，也是先进制造技术发展的趋势之一。液压成形就是为实现结构轻量化的一种先进制造技术。

与传统的冲压工艺相比，液压成形工艺在减轻重量、减少零件数量和模具数量、提高刚度与强度、降低生产成本等方面具有明显的技术和经济优势，在工业领域尤其是汽车工业中得到了越来越多的应用。

8.2.2　液压成形技术在汽车工业中的应用

在汽车工业中，对于空心变截面结构件，传统的制造工艺是先冲压成形两个半片，然后再焊接成整体；而液压成形则可以一次整体成形沿构件截面有变化的空心结构件。

与冲压焊接工艺相比，液压成形技术和工艺有以下主要优点：

① 减轻质量，节约材料。对于汽车发动机托架、散热器支架等典型零件，液压成形件比冲压件减轻20%～40%；对于空心阶梯轴类零件，可以减轻40%～50%的重量。

② 减少零件和模具数量，降低模具费用。液压成形件通常只需要1套模具，而冲压件大多需要多套模具。例如，液压成形的发动机托架零件由6个减少到1个，散热器支架零件由17个减少到10个。

③ 可减少后续机械加工和组装的焊接量。以散热器支架为例，散热面积增加43%，焊点由174个减少到20个，工序由13道减少到6道，生产率提高66%。

④ 提高强度与刚度，尤其是疲劳强度。如液压成形的散热器支架，其刚度在垂直方向可提高39%，水平方向可提高50%。

⑤ 降低生产成本。根据对已应用液压成形零件的统计分析，液压成形件的生产成本比冲压件平均降低15%～20%，模具费用降低20%～30%。

液压成形工艺在汽车、航空、航天和管道等行业有着广泛的应用，主要适用于：

① 沿构件轴线变化的圆形、矩形或异型截面空心结构件，如汽车的排气系统异型管件。

② 非圆截面空心框架，如发动机托架、仪表盘支架、车身框架(约占汽车质量的11%～15%)。

③ 空心轴类件和复杂管件等。

液压成形件的应用见表8-1所列。

表8-1　液压成形件在汽车中的应用

车　身	底　盘	转向系与悬架	发动机与驱动系统
仪表板支架、散热器支架、座椅框架、侧门横梁、车顶横梁、车身纵梁、车顶托架、副车架	前置发动机支架、后置发动机支架、梯形臂、牵引杆、保险杠、前桥、后桥	控制臂、从动连杆、转向柱	排气支管、凸轮轴、驱动桥壳、曲轴、进气支管、涡轮增压系统元件

液压成形工艺的适用材料包括碳钢、不锈钢、铝合金、铜合金及镍合金等，适用于冷成形的材料均适用于液压成形工艺。与其他金属塑性成形加工工艺相比，液压成形是一项正处于上升态势且具有良好发展前景的先进制造技术。目前，全球已建成并投产了众多的专业化生产线，形成了相当的生产规模，产品订单持续稳步增长。

8.2.3 液压成形技术发展趋势

(1)内高压热成形

内高压成形可以节省材料、降低零件重量，而使用轻质合金同样可以减轻零件重量。如果能利用内高压成形工艺生产铝、镁、钛等金属，冲压件质量会进一步降低。但在室温下这些金属的塑性变形能力低于黑色金属，必须在高温下才可以成形。

内高压热成形将是内高压成形工艺发展的重要趋势。德国已完成了镁合金的内高压热成形，这对内高压成形工艺来说是一个发展的风向标。需要指出的是，目前常用液压油、液压阀等所能承受的温度有限，如何选择传力介质将是内高压热成形的关键。

(2)双多层复合管的成形

双多层复合管可以体现不同材质的优点，能有效地提高零件的综合机械性能和抗腐蚀能力，在汽车和航空航天领域具有广阔的应用前景。综合内高压成形工艺和双多层复合管的优点对于提高零件性能将具有重要意义。

(3)成形工艺的数字化

数字化是现代先进制造技术的重要内容，液力内高压成形工艺与数字化的良好结合是未来发展的总趋势。其中，远程设计、在线解决方案、基于知识的设计分析系统的建立等都是成形工艺在数字化方向发展的重要内容。

(4)有限元专用单元

发展可以反映管坯特征的计算单元，建立可以准确反映材料特征的本构模型，对于提高有限元分析的精度，尤其是保证处理工程实际问题中的计算可靠性具有重要的意义。

在内高压专用管材的生产、管坯材料的性能测试、预弯工艺的选择、校型工艺设计、润滑、密封、复合工艺、生产设备等方面的发展，对内高压成形工艺的进步也具有重要影响。

8.3　汽车模具智能制造

《中国制造 2025》指出：紧密围绕重点制造领域关键环节，开展新一代信息技术与制造装备融合的集成创新和工程应用。支持政、产、学、研、用联合攻关，开发智能产品和自主可控的智能装置并实现产业化。依托优势企业，紧扣关键工序智能化、关键岗位机器人替代、生产过程智能优化控制、供应链优化，建设重点领域智能工厂、数字化车间。在基础条件好、需求迫切的重点地区、行业和企业中，分类实施流程制造、离散制造、智能装备和产品、新业态新模式、智能化管理、智能化服务等试点示范及应用推广。建立智能制造标准体系和信息安全保障系统，搭建智能制造网络系统平台。

到 2020 年，制造业重点领域智能化水平显著提升，试点示范项目运营成本降低 30%，产品生产周期缩短 30%，不良品率降低 30%。到 2025 年，制造业重点领域全面实现智能化，试点示范项目运营成本降低 50%，产品生产周期缩短 50%，不良品率降低 50%。

汽车冲压模具智能制造主要体现在以下方面：

(1)模具制造数字化

模具智能制造从工艺设计开始，到成形试模，包含了很多的工作内容，很重要的一部分就是虚实结合，即工业化和信息化的融合。从模型设计阶段就需要开展同步工程工作，否则，生产、质量、成本管理会变得异常困难，更无法将自动化转化为现实。

CAD 建模时，给每一个 CAD 模型以需要的加工精度要求、表面粗糙度要求。在进行 CAPP 编程设计时，也把所有的制程工艺信息添加到了 CAD 模型中，逐个环节传递下去。需要衔接的部分，通过数字化系统自动达成。

搭建数字化平台可以减少重复工作，模具交期可以缩短约 45%，人员培训时间也大幅缩短。

(2)标准化和模块化

当模具设计掌握了大数据，大量的模具零件将形成标准化，标准化的零件将形成各种模块。目前，各个模具厂家都有自己的标准，技术水平参差不齐，未来将会出现专门研究标准化零件和模块化模具组件的专业公司。设计模具就像堆积木，标准件和标准化模具件可以直接购买，模具设计只要设计产品成形部分，并把各种标准组件进行合理堆叠便可得到需要的模具。

(3)测量自动化

测量并不单指模具或冲压件测量精度，还包括机床的稳定度、工装模具稳定性等。

实现测量自动化可以从 CAD 模型中设定精度要求以及工艺要求。测量系统可以根据所要测量的区域产生相匹配的测量程序。

现场设备通过 RFID 读取，就可以下载程序，自动产生检测报告。

例如放电条件，其每一段都需要人为选择。利用自动化测量系统收集电极的接触投影面积、VDI 规格以及深度等信息，再将所有的数据汇集、关联与整合，就可以自动挑选放电条件，针对每一台机器进行持续的优化。通过采集的数据，发现其中的规律，系统就能够替代人工进行选择。

形位公差的测量自动化、测量报告三维显示、语言平台标准化、自动光学影像测量、测量程序与结果的互换等是自动化测量的重点发展方向。

(4)云技术

因为规模的不同，模具厂绩效各有差异，大的模具厂拥有很好的设备和人员，但不一定比小厂绩效好。通过云端平台，能够存储中小企业的技能，帮助整个模具行业持续改善。

使用云技术的目标是将所有的技术做成一个平台加以利用，包括 CNC、EDM、CMM 等。通过云平台，每个模具从业人员都可以连接起来，把所有的加工技术和知识集成起来，帮助每个使用者快速应用。

云平台还包括线切割、数控电极程序、测量程序、EDM 程序等信息全部实现了自动化。例如五轴加工的模拟，以前也是通过人来操作的，现在可以利用云平台在后台进行操作，这样就改变了整个工业环境的模式。

面向未来，更多的创新模式将改变整个的模具行业。在周边，我们还可以进行教育、培训、客户支持甚至建立交易平台，这就是整个模具制造业云端制造带来的改变。这种改变不仅在中国，它会改变整个全球的模具未来。

参考文献

[1] 刘品,李哲．机械精度设计与检测基础[M]．哈尔滨:哈尔滨工业大学出版社,2006.

[2] 崔忠圻．金属学与热处理[M]．北京:机械工业出版社,2006.

[3] 许树勤,王文平．模具设计与制造[M]．北京:北京大学出版社,2005.

[4] 李小海,王晓霞．模具设计与制造[M]．北京:电子工业出版社,2011.

[5] 中国机械工程学会．中国模具设计大典[M]．南昌:江西科学技术出版社,2003.

[6] 许发樾．模具标准应用手册[M]．北京:机械工业出版社,1994.

[7] 胡平．汽车覆盖件模具设计[M]．北京:机械工业出版社,2012.

[8] 崔令江．汽车覆盖件成形技术[M]．北京:机械工业出版社,2003.

[9] 王巍,周耀红．模具设计[M]．北京:机械工业出版社,2009.

[10] 熊惟皓．模具表面处理与表面加工[M]．北京:化学工业出版社,2007.

[11] 韦玉屏．模具材料及表面处理(第2版)[M]．北京:机械工业出版社,2017.

[12] 张信群,王春香．高等院校模具课系列教材·模具设计与制造[M]．合肥:合肥工业大学出版社,2010.

[13] 陈传梁．特种加工[M]．北京:机械工业出版社,1989.

[14] 孟繁杰,彭其凤．模具材料[M]．北京:机械工业出版社,1989.

[15] 陈炎嗣,郭景仪．冲压模具设计与制造技术[M]．北京:北京出版社,1991.

[16] 阮林凡,刘春雨,等.DL图设计要求.安徽江淮汽车集团股份有限公司,2014.

[17] 何鹏申,刘春雨,等.模具设计及图样通用要求.安徽江淮汽车集团股份有限公司,2014.

[18] 甘永立.几何量公差与检测[M].上海:上海科学技术出版社,2004.

[19] 王健安.金属学与热处理[M].北京:机械工业出版社,1980.

[20] 戚正风.金属热处理原理[M].北京:机械工业出版社,1987.

[21] 熊剑.国外热处理新技术[M].北京:冶金工业出版社,1990.

[22] 赵品,谢辅洲.材料科学基础教程[M].哈尔滨:哈尔滨工业大学出版社,2003.

[23] 秦涵.模具钳工[M].北京:机械工业出版社,2014.

[24] 魏丽燕.模具钳工[M].北京:机械工业出版社,2015.

[25] 模具设计与制造技术教育丛书编委会.模具结构设计[M].北京:机械工业出版社,2005.

[26] 黄健求.模具制造[M].北京:机械工业出版社,2001.

[27] (日)吉田弘美.模具加工技术[M].上海:上海交通大学出版社,1987.

[28] 黄毅宏,李明辉.模具制造工艺[M].北京:机械工业出版社,2011.

[29] 傅建军.模具制造工艺[M].北京:机械工业出版社,2004.

[30] 杨金凤,黄亮.模具制造工艺.北京:机械工业出版社,2012.

[31] 祁红志.模具制造工艺[M].北京:机械工业出版社,2009.

[32] 浦学西.模具结构图解[M].北京:中国劳动社会保障出版社,2009.

[33] 杨连发.冲压工艺与模具设计[M].西安:西安电子科技大学出版社,2013.

[34] 姜奎华. 冲压工艺与模具设计[M]. 北京:机械工业出版社,2011.
[35] 杨占尧,杨安民. 冲压模典型结构 100 例[M]. 上海:上海科技出版社,2008.
[36] (日)技能士友编辑部. 金属切削刀具常识及使用方法[M]. 北京:机械工业出版社,2012.
[37] 模具设计与制造技术教育丛书编委会. 模具钳工工艺[M]. 北京:机械工业出版社,2004.
[38] 邵自强,王飞俊. 汽车覆盖件模具设计要点[M]. 北京:化学工业出版社出版,2016.
[39] 刘朝福. 模具设计师手册系列[M]. 北京:化学工业出版社,2011.
[40] 孙向东. 板材成形分析与数值模拟[J]. 沈阳工业大学,2006.